Ignacio Echeverría

El HÉROE del monopatín

EDICIONES PALABRA
Madrid

© Julia Moreno y Javier Segura, 2024
© Ediciones Palabra, S.A., 2024
   Paseo de la Castellana, 210 — 28046 MADRID (España)
   Telf.: (34) 91 350 77 20 — (34) 91 350 77 39
   www.palabra.es
   palabra@palabra.es

Diseño de cubierta: Equipo editorial
ISBN: 978-84-1368-343-0
Depósito Legal: M-2418-2024
Impresión: Gohegraf, S.L.
Printed in Spain — Impreso en España

Julia Moreno   Javier Segura

Ignacio Echeverría

El HÉROE
del monopatín

PALABRA HOY

A Dios, quien nos ha regalado a todas las personas a las que querríamos dedicar este libro.

«Siempre recordaremos la generosidad y el heroísmo de Ignacio que, valientemente, puso su propia vida en peligro —y la perdió, trágicamente— tratando de salvar las de otras personas».

Palabras de Su Majestad el Rey a la colectividad española en el Reino Unido de Gran Bretaña e Irlanda del Norte.

(Residencia de la Embajada de España. Londres, 13-7-2017)

ÍNDICE

Tercera parte
ADULTEZ

Índice

Cuarta parte
LA ETERNIDAD

PRÓLOGO

Debemos dar las gracias a Julia y a Javier por dedicar su esfuerzo a que Ignacio siga presente en el recuerdo de muchos y, de ese modo, que el sacrificio que hizo a lo largo de su vida y, particularmente, en el último momento pueda dar frutos.

Escribimos estas palabras sin otra intención que la de que los lectores sepan de la bondad de Ignacio. Julia, con su esfuerzo, ha recabado información sobre Ignacio, que es más amplia de la que nosotros le hubiéramos podido dar, ya que como padres contamos una visión de nuestros hijos con muchos espacios ciegos a los que no tenemos acceso. La relación que se establece de los hijos con sus padres sufre censuras inevitablemente: los padres no contemplamos muchos aspectos de la vida de nuestros hijos. Por ello, para conocer a Ignacio es necesario recurrir a los recuerdos de sus hermanos, de sus amigos y otras personas con las que se relacionó.

Cuando leímos el borrador del libro, nos llegaron aspectos de su vida que, tal vez, no habíamos tenido completamente presentes. Sabíamos que era un hombre bueno. Claro que era un hombre bueno, con sus limitaciones. Pero espero que los lectores del libro se den cuenta del mérito que tuvo siempre en el esfuerzo por ser bueno, en el sentido amplio de la palabra, en la que se incluye el afán de perfeccionar su persona en multitud de aspectos, no solamente en la bondad y en la relación con los demás, sino también en ser un buen profesional y capacitarse para ser útil a la sociedad y así poder ganarse la vida y que esta pudiera tener una calidad material que le permitiera realizar sus proyectos e incluso ayudar a los demás cuando fuera posible.

Su generosidad era la de una persona sensata, pero era tan grande que le llevó a dar a los demás, tantas veces, lo mejor de sí mismo y, en un momento dado, su vida: sabemos que él no quería morir en ese acto. Él quería sencillamente salvar la vida de otras personas y estamos seguros de que no se hubiera podido imaginar lo valiosa que iba a ser su muerte al enfrentarse al terror para salvar las vidas de otras personas, el conocimiento de su sacrificio removió muchas conciencias e hizo pensar a muchos:

— *¿Yo qué habría hecho?*

— *¿Vale la pena?*

...

La respuesta que dieron muchos les hizo mejores. Nosotros pensamos que, vista la respuesta que sigue dando nuestra sociedad a la figura de Ignacio, el conocimiento de su vida y muerte continúa haciendo mejores a muchos. Este libro puede contribuir a esa causa.

En resumen, nosotros creemos que su muerte está siendo muy útil, más útil que habría sido su vida, si hubiera podido seguir con sus proyectos.

Dado que estamos convencidos de la utilidad de su sacrificio, dentro de la pena de perder su compañía y su relación casi diaria, sin embargo, lo sentimos y lo recordamos con alegría y sabemos que él querría que fuera así.

Solo nos resta agradecer a los lectores del libro su generosidad, por dedicarle un tiempo a la memoria de Ignacio. Tenemos la esperanza de que esta lectura sea enriquecedora para ellos y les ayude a conocer mejor a Ignacio y a ser mejores ellos mismos, al saber que también pueden comportarse como se comportó Ignacio, que cualquiera podría si pone el empeño necesario en forjarse y ser mejor.

María Ana Miralles de Imperial Hornedo
Joaquín Echeverría Alonso

Padres de Ignacio Echeverría Miralles de Imperial
y de sus cuatro hermanos.

Primera parte

INFANCIA

22 de marzo de 2017

«Si yo hubiera estado allí patinando, ese policía asesinado estaría vivo. Es nuestro deber, no podemos dejarnos acobardar por los terroristas», dijo Ignacio unos días antes de ser asesinado por tres terroristas.

El día 22 de marzo de 2017 tuvo lugar un atentado en Westminster (Londres) en el que murieron cinco personas y cuarenta y nueve más resultaron heridas. Todo comenzó con la irrupción de un vehículo todoterreno en la zona, que atropelló a decenas de personas en su trayectoria antes de estrellarse violentamente contra las vallas que cercan el Palacio de Westminster. Tras el choque, el conductor abandonó el vehículo y comenzó a deambular amenazadoramente por la calle con un gran cuchillo en mano. El céntrico distrito en el que todo estaba sucediendo permitió la llegada inmediata de fuerzas del orden público. Aparecieron dos policías en un vehículo; el mayor se encerró en el coche y puso los seguros, mientras el joven, provisto únicamente de una porra de plástico, se dirigió hacia el conductor del vehículo para intentar reducirlo, pero al hacerle frente fue apuñalado y murió en el acto. Dos policías, vestidos de paisano, fueron los que, momentos después, consiguieron abatir al conductor con cuatro disparos.

Ignacio trabajaba en Inglaterra en aquel tiempo y a mediados de mayo viajó a Madrid para acudir a una cita al dentista. En ese momento, Ana y Joaquín, sus padres, no se encontraban en Madrid, así que solo pudo reencontrarse con sus hermanos. Aprovechó para ir a casa de su hermano Enrique para celebrar su cumpleaños de forma anticipada, ya que pronto se marcharía a Londres y no podría pasarlo en familia. Inevitablemente, al vivir en Londres, en la conversación surgió el tema del reciente atentado terrorista de Westminster. Enrique se mostraba de acuerdo en la audacia del policía que hizo frente al terrorista, e Ignacio, henchido de ardor, alababa el estricto cumplimiento del deber del policía, justificaba su acción y destacaba su heroicidad abalanzándose sobre el terrorista, aun entregando a cambio su vida. A él no le cabía duda alguna de que habría actuado de la misma manera que este, a lo que su hermano respondió: «Pues hubieras muerto tú». Acto seguido, esa conversación se zanjó con un «bueno…» por parte de Ignacio. Y así, de una manera completamente inconsciente y sincera, con aquellas palabras, emanadas de su más firme convencimiento de cuál debía ser su deber en un caso como aquel, Ignacio se comprometió a actuar según sus propias convicciones. Esta conversación familiar marcó su vida, aunque nadie lo supiera todavía. Ni siquiera él mismo.

Sabemos cómo acaba, pero ¿cómo empieza?

Como ocurre con la vida de cualquier persona, si queremos entender su presente, es necesario y esencial conocer cómo era el mundo que precedió a Ignacio. Retrocedamos para ello setenta y tres años en el tiempo y trasladémonos a la provincia de Córdoba en el año 1950, y, más concretamente, al municipio de Montoro. Allí nació Joaquín Echeverría Alonso, padre de nuestro protagonista, el día 27 de febrero. Sin embargo, su infancia transcurrió lejos de sus raíces andaluzas, pues su padre ejercía como profesor de matemáticas en el Instituto Laboral Rey Pelayo en Cangas de Onís, Asturias. En aquel instituto, más tarde, el abuelo de Ignacio fue nombrado director, lo que suponía el empeño de una gran cantidad de su tiempo en aquella labor docente, pues su horario comenzaba a las nueve de la mañana y se prolongaba hasta las siete y media de la tarde. Allí, en Asturias, fue donde Joaquín cursó todos sus estudios hasta su marcha a Madrid con diecisiete años para estudiar Ingeniería de Minas en la Escuela Superior de Ingenieros de Minas. Una vez acabados, cursó un doctorado que finalizó en 1989 con la lectura de su tesis doctoral, que obtuvo la calificación cum laude.

En Madrid, a mitad de camino entre Córdoba y Cangas de Onís, nació Ana Miralles de Imperial y Hornedo el 8 de enero de 1950. Es la mayor de cinco hermanos: Ana, Marta, Rosario, Luis e Ignacio, único soltero, que murió relativamente joven y tenía una relación entrañable con sus sobrinos. Se trataba de una casa desahogada económicamente. El padre de Ana, Luis Miralles de Imperial y Gómez, poseía el título de marqués de la Torre de Carrús, otorgado a un antepasado durante el reinado de los Austrias.

Ana vivió su infancia en la capital, en un barrio céntrico, que en el Madrid de mediados del siglo pasado disponía aún de descampados que permitían jugar con una incomparable sensación de libertad aun estando en la gran ciudad. Tras aprender a leer y escribir en casa, ayudada por su madre, se incorporó al colegio. Continuó sus estudios hasta primero de bachillerato, momento en el que cambió al Colegio del Sagrado Corazón de Caballero de Gracia, donde su tía Carmen Hornedo, hermana de su madre, era jefa de estudios. Allí tuvo que repetir primero de bachillerato por ir adelantada, pero en el que acabó su bachillerato superior. Después, se matriculó en el Centro de Nuevas Profesiones con la intención de obtener una capacitación profesional. Fue entonces cuando se sumergió en el novedoso mundo de los ordenadores. Simultáneamente, estudiaba idiomas y hacía cursos especializados en IBM, combinación que seguramente le permitiría acceder a un buen puesto de trabajo. No descuidó los idiomas y los perfeccionó con dos estancias en el extranjero. La primera en Inglaterra como *au pair* y la segunda en Alemania, donde consiguió un título que le permitía cursar una carrera universitaria en aquel país. Mas no fue este su camino. Cuando regresó a España comenzó a trabajar en la Empresa Nacional de Autocamiones, ENASA, bajo la marca comercial PEGASO, en la que estuvo durante casi tres años dedicada a la programación de ordenadores.

Pero a la temprana edad de veintidós años la muerte de su padre dio un vuelco a su vida, pues la nueva situación familiar, como hermana mayor, de manera natural, le hizo adoptar el papel de «padre», acompañando a su madre y ayudándola en el quehacer diario cuidando de todos sus hermanos. El año anterior había conocido a Joaquín, que, como dijimos anteriormente, estudiaba una ingeniería en Madrid, y mantuvieron una relación sin sobresaltos durante más de dos años. Aquella paz se vio alterada por un problema familiar entre hermanos que provocó un ambiente insostenible en casa para Ana, que, por supuesto, repercutió seria y negativamente en la apacible relación con su novio Joaquín. Este clima familiar enrarecido en el que vivía Ana le afectaba en su trabajo y en sus relaciones personales, pero no podía vivir eternamente de esta manera. Joaquín le dijo: «Esto es insostenible, o te vas de tu casa a vivir independiente, o adelantamos la boda y nos vamos a vivir juntos, o se acabó nuestra relación».

Sí, quiero

La opción elegida fue el matrimonio. La boda tuvo lugar en 1974. Ella abandonó su trabajo en la empresa Pegaso, a la que acudió hasta el día anterior a la boda, lo que demuestra su profesionalidad. Tras la boda pasó a ocuparse de lleno del cuidado de la familia, que pronto ampliarían. De manera simultánea, Joaquín encontró trabajo como ingeniero en una empresa de tecnología en línea llamada AUXIESA, que posteriormente se convirtió en INITEC. Allí trabajó durante los tres años siguientes hasta que ENDESA le contrató para trabajar en una mina al aire libre situada en el municipio de As Pontes de García Rodríguez, en la provincia de A Coruña. La plantilla a su cargo la componían 250 trabajadores que se encargaban de realizar las labores auxiliares necesarias para que la maquinaria de gran tamaño pudiera excavar diariamente 40.000 toneladas de carbón y 80.000 metros cúbicos de arcilla, estos últimos eran transportados a la escombrera. La problemática de la dirección de la gran cantidad de personal que tenía a su cargo y el cumplimento de los plazos determinados para la extracción de la cantidad de mineral demandada hacían muy complicado este trabajo, pues, como vemos, le suponía una exigencia máxima. A estos dos factores había que sumar el incontrolable factor atmosférico o climatológico gallego en el que la lluvia era una constante, lo que provocaba la formación de inmensos barrizales en el terreno de excavación en detrimento de la extracción de mineral en los plazos previstos para que resultara productivo.

Este traslado a tierras gallegas en el año 1977, como no podía ser de otra manera, supuso un cambio radical en la vida familiar. Mientras Joaquín trabajaba en la mina, Ana se ocupaba de criar a sus hijos: Joaquín, nacido en 1975, y Enrique, nacido en 1976. La lejanía respecto a su familia, que se encontraba en Madrid, hacía más laboriosa la crianza de los dos bebés, de dos años, el primogénito, y sin llegar todavía a su primer año, el pequeño. Aun así, voluntariosa como era Ana, se matriculó para hacer el Curso de Orientación Universitaria (COU), equivalente a segundo de Bachillerato en el plan de estudios actual. Se trataba de un curso que era necesario aprobar sin asignaturas pendientes para poder acceder a los estudios universitarios. Entonces fue cuando se quedó embarazada de su hijo Ignacio.

Se hizo de rogar para nacer

Nueve meses después, las ecografías revelaban que el embarazo había llegado a término y no era conveniente prolongar por más tiempo el momento del alumbramiento: Ignacio estaba listo para descubrir el mundo que le esperaba fuera. Sin embargo, no parecía tener prisa por conocerlo, provocando paseos y más paseos por parte de su madre, tal y como le había recomendado el médico, lo que acabó de convertirla en una auténtica devoradora de kilómetros, caminando desde el poblado del molino, lugar en el que residían, hasta la presa de la Ribeira.

No obstante, el nacimiento de Ignacio no era el único que se esperaba en la familia en aquella época, pues la hermana de Ana, Rosario, también estaba embarazada. Esta circunstancia colocó en una complicada tesitura a la madre de ambas, Amanda, pues su anhelo habría sido poder estar con sus dos hijas en aquellos momentos tan importantes, más aún cuando su marido había fallecido pocos años antes. Tomó la decisión de viajar hasta Puentes de García Rodríguez, pues era necesario para ayudar a Ana en el cuidado de sus dos hijos, Joaquín y Enrique.

Finalmente, Ignacio nació en Ferrol el 25 de mayo de 1978. Era el tercero de los hermanos y su nombre provocó debate antes de ser elegido. Su padre, Joaquín, quería llamarle Juan, por ser nombre que contaba con tradición y buena fama en su familia; su madre, Ana, prefería Ignacio, como se llamaba uno de sus hermanos, que era especialmente querido por ella. Ya sabemos cómo terminó esta historia.

Un poco mimado

En sus primeros años de vida, Ignacio fue el niño mimado de la familia. Después de muchos achuchones, abrazos maternos y besos, suscitados por su entrañable carácter, sus padres creyeron oportuno llevarle a la guardería. Fue en aquella época en la que tanto lloraba por las noches, cercano ya a cumplir tres años, y tanta atención exigía. Sus padres pensaron que era necesario que se independizara de los cariños tan exclusivos que recibía en casa y que comenzaban a convertirlo en un niño consentido. La solución de la guardería resultó en los primeros momentos, pero el carácter de Ignacio suscitó tal ternura que la profesora que lo recogía en el autobús lo llevaba sentado en sus piernas. Así, sin ser el más pequeño, él fue quien viajaba entre los brazos de la mujer un día sí, y al siguiente también. Mas esta conducta, este comportamiento de Ignacio, se repetía allá donde iba y siempre, invariablemente, conseguía el reclamo de los adultos que tenía cerca. A veces, cuando el asunto se ponía más complicado, utilizaba tretas para lograr atraer la atención. Un clásico era sacarse los mocos para que alguien lo viera y se los limpiara.

Durante sus primeros años, múltiples anécdotas permitían advertir la inteligencia y la picardía que aplicaba en su día a día para solucionar situaciones sencillas y también complicadas, lo que le aportó seguridad y valentía para afrontar los asuntos más serios y trascendentes que le irían acaeciendo a lo largo de su juventud. Su astucia, en muchas ocasiones, mermaba la paciencia de su abuela Amanda, especialmente en aquellas jornadas dedicadas a enseñarle a leer. La táctica empleada por Ignacio en aquel caso era, en lugar de aprender las letras y juntar los sonidos resultantes, ahorrar esfuerzo y aprenderse de memoria frases completas. Para él era así más fácil y, sobre todo, parecía que estaba leyendo de veras.

Era un niño inquieto. No paraba. La temprana cicatriz que surcó su nariz así lo certificaba. Con tan solo tres años, trasteando, se clavó el hierro del carrete de hilo de la máquina de coser. Como vemos, lo más complicado para él era pasar desapercibido. Tampoco lo intentaba. Todos los parroquianos sabían que Ignacio estaba en misa porque cantaba más fuerte que nadie y contestaba en alta voz para dejar claro que sabía lo que tenía que decir en cada momento de la celebración. Este comportamiento, lejos de provocar quejas, suscitaba la reacción contraria, pues era común ver cómo al final de la misa algunas personas se acercaban a felicitarle por lo bien que cantaba y lo bien que seguía la celebración siendo tan pequeño. Halagos que Ignacio recogía encantado, agradecido y satisfecho.

Su ingenio no tenía límites. Su familia vivía en un tercer piso. Esta relativa lejanía de la calle en la que jugaba le obligaba a agudizar su ingenio cuando le entraban irrefrenables ganas de ir al baño. La solución a sus urgencias la encontró en el primer piso. El baño de la casa de su vecina África proporcionaba una cercanía razonable que le permitía apurar sus juegos, y aunque nunca sabremos si confundía las puertas, como él decía, o si se trataba de una genial argucia para evitarse subir dos pisos más, a Ignacio nunca le parecía que estaba haciendo algo malo.

Lo cierto es que Ignacio ni buscaba problemas ni los quería. Pero, aun así, ser un poco «brutote» y patoso en la escuela le costó en ocasiones algún que otro disgusto... y a sus padres también. Por su culpa tuvieron que prohibir a los niños llevar carteras en su guardería, pues un buen día uno de sus compañeros recibió un «carterazo» de Ignacio, lo que, como vemos, provocó no poco revuelo.

Aun así, también tenía momentos en los que era un niño miedoso. En As Pontes de García Rodríguez no había cine, por eso cuando llegaron a Madrid, era necesario hacer una primera visita a este sitio, desconocido para sus hijos. Coincidió que se iba a estrenar *E.T., el extraterrestre*, así que decidieron ir a verla. Lo que Ignacio no esperaba era que el protagonista le fuera a asustar tanto, y en su sorpresa aterradora gritó en mitad del cine: «¡Tengo miedo!», a la vez que se tiró al suelo buscando esconderse debajo de los asientos.

A pesar de estas trastadas, Ignacio recibió la mejor educación que sus padres pudieron proporcionarle. Aunque era un buen chico, produjo algún que otro insomnio en casa, que recaía especialmente en su madre, Ana, quien se encargó del peso de la crianza de Ignacio y sus hermanos durante estos primeros años. En aquel tiempo, la diferenciación y división de funciones y labores era muy acusada. El padre, Joaquín, en su papel de padre autoritario era quien normalmente castigaba, mientras la madre, Ana, era la encargada de dar cariño y consuelo. Fue aquella autoridad paterna la que, desde entonces, fue, poco a poco, alejándole de su hijo Ignacio.

Sus hermanos

Los hermanos de Ignacio pensaban que este tenía su propio mundo y le dejaban vivir tranquilo en él. Aquel mundo lo compartía con su madre y con su hermana Ana, que tenía dos años menos que Ignacio y era una niña entrañable. Tenía la piel clara y un pequeño angioma en su cabeza que asomaba entre su pelo y que, poco a poco, fue mejorando gracias a los cuidados de su madre. Ella nunca olvidaba cubrir su cabeza con una capota para que no sangrara y consiguió que aquella mancha desapareciera para siempre. No acabaron los cuidados que precisaba Ana, pues tan solo con diez años se le diagnosticó un problema de corazón, que necesitó de la máxima atención por parte de la familia.

La relación entre Ignacio y Ana fue muy especial desde el principio. Para Ana, su hermano era como un muñeco con el que jugaba. Lo cuidaba y lo abrazaba e intentaba, siendo ella más pequeña, sentarlo en sus rodillas. Se dirigía a él con expresiones gallegas que había aprendido escuchando a las mujeres que ayudaban a su madre en casa, como, por ejemplo: «Ven a mi colo», que venía a significar: «Ven a mi regazo». Y cuando salían de casa, Ana sentía que debía encargarse de su cuidado, por lo que siempre acompañaba a su hermano y su madre, cuando esta lo llevaba a la parada del autobús que le dejaba en el colegio, y se responsabilizaba de dar un último empujón a Ignacio cuando subía las escaleras del autobús. Siempre pendiente de él.

Años más tarde, cuando ambos crecieron, Ana dejó de sentarle en sus piernas y pasó a jugar a los soldados con sus hermanos en un bosque cercano a su casa. Por supuesto, entre hermanos siempre existe una jerarquía y entre los Echeverría no iba a ser diferente. Así, los mayores se atribuyeron el grado de capitanes, mientras que a Ignacio le tocó en suerte ser soldado raso y a Ana, encargarse de los toques de corneta o tambor, evidentemente sin corneta ni tambor.

En el extremo más opuesto a estos juegos soldadescos, los hermanos nos sorprenden con la lectura conjunta del periódico en casa. Dichas lecturas les enfrascaban en conversaciones de índole política entre ellos y con su padre, de manera que, observándolos, cualquiera diría que aquellos niños acabaran de tragarse a un adulto cada uno.

La familia se cerró con la llegada de la quinta hija de Joaquín y Ana en 1983. Isabel fue la benjamina de la familia y, como no podía ser de otro modo, la relación de Ignacio con ella también resultó ser muy especial.

Más familia

La relación de la familia de Ignacio con sus primos, tíos y abuelos era muy buena, hasta el punto de que las vacaciones las pasaban todos juntos. Solían ir a la casa de los padres de Joaquín o de la madre de Ana, aunque en ocasiones planearon viajes a otros lugares. Finalmente, la familia Echeverría Miralles de Imperial compró un apartamento en la playa de Miño, en Galicia, para pasar allí las vacaciones escolares, mientras Joaquín trabajaba y se desplazaba diariamente. Estancias que alternaban con Santa Pola o Torrevieja en el mar Mediterráneo, lugares en los que se juntaban con Amanda, la abuela materna, y con algunos primos y tíos.

En una ocasión, cuando Ignacio contaba con cinco años aproximadamente, viajaron a Asturias para pasar la Navidad en familia, en todas las fiestas visitaban a la materna y la paterna, resultando en una reunión que, como suelen decir los padres, se fueron a dormir a Oviedo «los primos juntos». Disfrutó tanto de sus primos y se lo pasó tan bien que, a la mañana siguiente, no pudo hacer menos que preguntarle a su padre: «Papá, ¿cómo se hace uno primo?».

Colegio en Galicia

La educación que Ignacio recibió fue siempre en la escuela pública porque así lo decidieron sus padres. Esta medida estuvo especialmente motivada por la experiencia de su padre en la Escuela de Ingenieros, en la que, como vimos anteriormente, estudió Ingeniería de Minas y donde percibió una invitación a la superioridad moral por la dificultad que entrañaban los estudios. Siendo así, y aun teniendo la posibilidad de evitar el pago de un porcentaje de lo que constaba la enseñanza privada, gracias a la empresa en la que trabajaba su padre, ni Joaquín ni Ana quisieron que sus hijos se sintieran superiores a otros niños por moverse en unos u otros ambientes.

En consecuencia con lo dicho, el primer colegio de Ignacio estaba en As Pontes de García Rodríguez, la localidad gallega en la que vivieron hasta que él contaba con ocho años. Se trataba de una escuela de concentración rural a la que asistían alumnos de los pueblos y aldeas más cercanas que no contaban con tantos recursos. Los padres pensaron que, de esta manera, sus hijos se relacionarían con personas ajenas a la fábrica de ENDESA en la que trabajaba su padre.

Ignacio acogió con entusiasmo esta opción paterna sobre su educación y le acompañó en toda su vida como estudiante, pues unos años más tarde, estando en el instituto, se manifestaba frente a otros amigos a los que les decía: «A mí no me han aprobado como a vosotros, que habéis ido a un colegio de pago; el instituto es mucho más duro». Incluso en ocasiones le gustaba rivalizar en conocimientos con su amigo Guillermo González-Arnau, al que le gustaba corregir cuando se equivocaba, como aquella vez en la que le dijo que «estándar» no era lo mismo que «estandarte», con cierto regocijo y henchido de importancia. Años más tarde, ambos se reirían de aquellas competiciones que no llevaban a ninguna parte.

Toca mudarse a Madrid

En el año 1986 llegó un cambio de aires. La familia se traslada a Madrid. La carrera profesional de Joaquín en As Pontes de García Rodríguez había terminado y forzó el traslado a Madrid. Traslado conflictivo que le generó un estrés que pagaría su salud y, por tanto, su familia en tranquilidad. Finalmente, en menos de un mes se resolvió la situación y la Sección de Recursos Humanos de su empresa lo afilió en la capital. Ignacio tenía ocho años cuando se afincaron en el municipio de Las Rozas, donde compraron una casa. Allí, Ana continuó con sus estudios y con el cuidado de la familia y del hogar. Este nuevo puesto de trabajo requería que Joaquín viajase con frecuencia, lo que supuso un mayor empeño de Ana en las labores domésticas. Evidentemente, esta nueva forma de vida en la familia condicionó el crecimiento de los niños en una etapa, como era aquella, muy definitoria de la personalidad futura. El escaso tiempo del que Joaquín disponía, al margen del trabajo, lo dedicaba a narrarles relatos, recitarles poesía y, en el coche, a cantar canciones con ellos, que en muchos casos eran especialmente patrióticas.

Los cinco hijos continuaron sus estudios en el CEIP Fernando de los Ríos, en Las Rozas. Siempre es una incógnita saber de qué manera afectarán los cambios de colegio a los niños y, en estas circunstancias, suelen ser más favorecidos aquellos que son capaces de manejar más habilidades sociales. No era este el caso de Ignacio. Sufrió problemas de adaptación y acusó seriamente el cambio: su manera de expresarse, con tintes gallegos; la ausencia de sus amigos en aquella tierra, a los que escribía cartas exigidas por el interés por mantener aquella amistad en la distancia... Intentó suplir aquellas carencias juntándose con todo el mundo, sin distinciones ni haciendo caso a las apariencias, pero en sus primeros años formó parte de ese grupo de gente que no tiene muchos amigos por su dificultad para desenvolverse en ambientes sociales.

Comenzó a emplear con más frecuencia aquel alegato que mantenía desde hacía años para referirse a lo que no le gustaba: «No es justo». Con estas palabras, lo mismo hacía frente a compañeros suyos que se dedicaban a levantar las faldas a las chicas, que se impuso como una moda en el instituto; a los que maltrataban a otros compañeros; e incluso plantando cara a los profesores, como aquella vez que defendió a Blanca Díaz, con quien mantuvo amistad toda su vida, diciéndole a un profesor que era injusto con ella. Como vemos, ya entonces, gastaba su justicia por los demás. No le importaba todo lo que podía perder y nunca dejó de hacerlo.

Ignacio estaba bendecido por una transparencia que le acompañó en todos los ámbitos de su vida. Además, le gustaba presumir de su familia porque se mostraba orgulloso de ella y urdía curiosas historias ensalzando a sus miembros. En una ocasión, estando aún en el colegio, abordó al más «malote» del centro y le contó con gran convencimiento y desenvoltura que su abuela era marquesa. Su interlocutor, al que poco le importaba lo que Ignacio le contaba, no podía dejar de escucharle por el entusiasmo y la efusividad que ponía en el relato que el amigo creía de su invención. La realidad es que la abuela era la marquesa, viuda de la Torre de Carrús, título concedido a su familia, instalada en Elche, por el último rey de la casa de Austria. En ese momento poseía el título su tío Luis, más joven que su madre, ya que Ana no quiso reclamarlo a su nombre.

Disfrutaba mucho de la vuelta a casa tras las clases en la que a los amigos les contaba historias con gran realismo y emoción y a las que, incluso, amenizaba incorporando la banda sonora. Su hermana Isabel, que le acompañaba en el regreso a casa, era testigo de las actuaciones de su hermano. Lo cierto es que Ignacio llamaba la atención y se llevaba bien con la gente, que le veía como alguien distinto a los demás, que por su forma de ser se ganaba el respeto y el aprecio del resto. Era esta su imperceptible e involuntaria manera de conquistar a la gente.

Ignacio era también una persona entregada a las actividades del colegio que le motivaban. Por ejemplo, un concurso de monopatín. Mientras cursaba octavo de Enseñanza General Básica (EGB), equivalente al actual segundo curso de ESO, sus compañeros organizaron una fiesta con el propósito de recaudar dinero para el viaje con el que celebraban el fin de curso. Entre las actividades que ideaban para conseguir dinero con el que sufragar aquella aventura se encontraban los distintos concursos. El escenario para el del monopatín lo conformaban una rampa y unos bancos. Valiéndose de estos sencillos aparatos, los participantes mostraban su talento en el dominio del monopatín con atrevidas y arriesgadas piruetas con las que conseguir erigirse en triunfadores de la competición.

Aquel año, sin ninguna duda, la participación de Ignacio fue la más memorable del concurso. Después de que su amigo Pelayo demostrara a la concurrencia su extraordinaria destreza en el control del monopatín, llegó el turno de Ignacio. Digamos, para empezar, que nuestro protagonista no tenía ni idea de montar en monopatín. Así que apareció de rodillas sobre este y dando pequeños saltos sobre la tabla fue poco a poco alcanzando mayor velocidad, con un gesto de concentración absoluta en su cara. Le traían sin cuidado las risas o lo que sus compañeros pensaran. Para él se trataba de un desafío del que quería disfrutar y el no saber deslizarse sobre el monopatín no iba a suponer ningún impedimento para participar en aquella competición. No había sitio en él para el desaliento.

Fue en aquella época de colegio cuando, con sus hermanos, dedicaba un rato cada tarde para jugar o para ir hasta la Plaza del Ayuntamiento de Las Rozas donde cogían el autobús que los llevaba hasta el polideportivo de Navalcarbón en el que realizaban sus actividades extraescolares dedicadas a la natación y al tenis y donde coincidía con otros compañeros de clase, como Jordi, con quien desde entonces forjó una gran amistad.

El instituto

Ignacio cursó la Educación Secundaria Obligatoria (ESO) y el bachillerato en el IES El Burgo, que hoy ha cambiado de nombre para pasar a denominarse IES El Burgo-Ignacio Echeverría en honor a su heroico alumno. Desde su muerte, la huella de Ignacio ha impregnado este lugar y su recuerdo ilumina la pintura de un muro del patio en la que aparece sujetando una tabla de *skate*, que es un banco en el que nos da cobijo bajo su figura. Ignacio Echeverría también da nombre al premio que el centro ha creado para premiar a aquellos alumnos que destacan como ejemplo en la caridad con los demás.

Su día a día en el instituto no difería del que vivía fuera de él. Sencillamente, trataba de ser una persona buena. Todos tenemos asignaturas que se nos «atragantan» y que no nos gustan. En su caso fueron las matemáticas. En el resto se esforzaba en aprender todo lo posible, adquiriendo y acumulando una notable cultura. Lo cierto es que fue un niño que siempre mostró una gran facilidad para memorizar. Recordemos, si no, los episodios de aprendizaje de la lectura con su abuela Amanda a la que «engañaba» aprendiéndose las frases de memoria. Sin embargo, no llegó a brillar como alumno y buena culpa de ello la tuvo su descuido en el escribir que le dejó una letra difícilmente legible, su desorden y la poca pulcritud con la que presentaba sus exámenes. Por no hablar del libre ofrecimiento de su opinión sincera, que proporcionaba a cualquier profesor, si consideraba que debía hacerlo, se la hubiera pedido aquel o no.

Así fue descubriendo Ignacio la complejidad del mundo que le rodeaba. Y pronto comprendió que el tener un futuro más o menos despejado pasaba por disponer de ingresos suficientes obtenidos a través de una profesión digna. Es decir, no tenía otro remedio que formarse bien. Esta nueva perspectiva le hizo incrementar su constancia, tenacidad y su capacidad de trabajo, de manera que, aunque, como ya dijimos, no fue un estudiante sobresaliente, su esfuerzo le permitió no suspender ninguna asignatura, ni en la educación básica ni en bachillerato. Y como no podía ser de otra manera, este nuevo empeño y constancia en su vida trajo nuevas anécdotas que recordar.

Un buen día estaba Ignacio estudiando en el rellano de su casa cuando empezó a llover. Uno de sus hermanos, cuando le vio, le dijo que estaba lloviendo para que se pusiera a resguardo, a lo que le contestó: «Sí, tienes razón». Acto seguido, Ignacio se levantó, entró en casa, cogió el primer paraguas que encontró, volvió a salir, lo abrió, se metió debajo y siguió estudiando en el suelo del rellano bajo la lluvia.

Como vimos en su etapa de justiciero en el colegio, Ignacio, desde muy temprana edad, fue capaz de distinguir lo que estaba bien y lo que no. Una de las razones de su halo era, precisamente, el no mostrarse impasible ni indiferente ante la injusticia. No entendía el silencio ante un agravio y él siempre fue voz para que las quejas de otros no quedaran impunes. No era únicamente su espíritu reivindicativo lo que le hacía diferente, sino que dentro de la normalidad de su vida tenía detalles que no eran inadvertidos ni pasaban desapercibidos a la vista de los demás. A su profesora de inglés, Blanca Ley, lo que más le llamaba la atención de Ignacio era su sonrisa. Cuando se cruzaba con él por el pasillo, siempre le regalaba una sonrisa, la bondad se le escapaba por los ojos.

«No vales para estudiar»

Su incorporación al instituto tampoco fue fácil. La evaluación de las pruebas realizadas por los psicólogos a los alumnos del centro arrojó, en el caso de Ignacio, el concluyente resultado de que no tenía aptitudes acusadas para el estudio y que, por tanto, era mejor que orientase su vida hacia algún oficio. Ciertamente, aquel veredicto inesperado hirió a Ignacio y le afectó considerablemente.

La primera consecuencia de aquel dictamen de los psicólogos fue, en el comienzo del curso siguiente, la de cambiarle de clase e incluirlo en otra en la que abundaban los «repetidores». Ignacio regresó protestando a su casa y su madre llegó a la conclusión de que les habían clasificado atendiendo a la prueba de rendimiento de la que Ignacio salió tan malparado. Esta nueva situación para él le provocó mucho nerviosismo y espoleaba su espíritu reivindicativo, pues, día sí y al otro también, se dirigía a la secretaría del centro pidiendo explicaciones sobre su inclusión en aquella clase, en la que tampoco podía asistir a clases de francés, asignatura optativa que él había solicitado en su matrícula. Su madre, Ana, también fue al centro solicitando las explicaciones que no le daban a su hijo, y tras obtenerlas, consiguió que Ignacio saliera de aquella clase y lo trasladaran a la que le correspondía, tanto intelectualmente como atendiendo a la elección que había hecho al matricularse.

Pero las demandas de Ignacio no se iban a detener con el cambio de clase. En su nueva aula, la profesora decidió sentarles por orden alfabético de apellidos. Al estar las mesas colocadas de dos en dos el compañero que tocaba en suerte era aleatorio. A Ignacio le asignaron como compañero a un chico con el que no se llevaba muy bien. Probó a solucionar aquella situación pidiendo un cambio de sitio a la profesora, pero sabiendo que tal argucia no iba a funcionar, lo que hizo fue aminorar sus males de forma que, cuando llegaba cada mañana a clase, separaba unos centímetros las dos mesas, casi imperceptiblemente, y ese pequeño hueco con su compañero servía para que se sintiera mejor. Como vemos, Ignacio fue una persona para la que no existía el término medio, ni para lo bueno ni para lo malo. Curiosamente, aquel episodio traería una nueva consecuencia que le acompañaría el resto de su vida, pues para diferenciarse de su compañero de mesa, apellidado Echevarría, y no soportaba que confundieran sus apellidos, en el instituto comenzaron a llamarle *Echeve*.

Cambio de ambientes

Gradualmente Ignacio fue ampliando sus relaciones en el instituto e integrándose en grupos de amigos con los que salía los fines de semana. Al mismo tiempo, tras su primera experiencia con el monopatín, su pasión por el mismo fue creciendo, por lo que alternaba sus salidas con chicos y chicas con quedadas con gente que patinaba. Los chavales con los que compartía sus ratos de *skate* eran más jóvenes que él y sus planes giraban exclusivamente en torno a sus tablas de monopatín.

Durante el recreo de las once solía reunirse con un grupo de gente que poco a poco se fue convirtiendo en una pandilla de amigos: Luis Miguel, Jordi, José María, Rubén, Héctor y David. El plan del recreo consistía en salir corriendo a comprarse un bocadillo en una panadería cercana, desde donde, sin dejar de correr, iban a casa de Ignacio a echar unas partidas de futbolín. La pasión y la diversión por el futbolín fue creciendo y la media hora de recreo, en cambio, parecía menguar. Terminaron por eliminar el paso previo por la panadería y abandonar el bocadillo. La diversión se impuso a la comida. Ana, la madre de Ignacio, se convirtió en la implacable juez del tiempo que ponía fin al último partido del día y les mandaba a todos al colegio a la carrera.

Ignacio regresaba a casa con su amigo Jordi, pues hacían el mismo camino de vuelta. La parada en la que Jordi cogía el autobús estaba al lado de la casa de Ignacio, por lo que este se quedaba a charlar con él y hacerle compañía mientras llegaba el transporte, a veces unos minutos después y otras veces casi una hora más tarde. Era el momento de compartir sus asuntos comunes sobre compañeros, profesores, estudios y, por supuesto, de arreglar el mundo. La amistad y la confianza entre ambos fue creciendo. En esta relación, Jordi tuvo que desarrollar su paciencia pues muchas veces cuando llegaba a casa de Ignacio por las mañanas para ir al instituto, se lo encontraba a medio vestir, sin desayunar y se sentaba a ver cómo engullía un *kéfir*, su desayuno habitual, espoleado por su madre metiéndole prisa para que no llegaran tarde a clase.

Los dos amigos intentaban compartir optativas en el instituto para pasar más tiempo juntos. Una de aquellas asignaturas fue el teatro. Y en su segundo año les mandaron preparar una obra para final de curso: *Bajarse al moro*, basada en el libro de José Luis Alonso de Santos. En el reparto de papeles se quedaron sin papel principal ni secundario y la función que se les asignó fue ayudar con el tema logístico a los compañeros que sí tenían participación en el escenario. Como podemos imaginar, aquello no le gustó nada a Ignacio. Jordi, en cambio, con su eterna paciencia trató de mostrarle el lado bueno de la situación. No tendrían que aprenderse de memoria un guion tan largo y su labor se reduciría a ayudar con los decorados. Y lo mejor de todo era que con ese mínimo apoyo tenían garantizada una buena nota. Pero la historia dio un giro inesperado. Los ensayos no estaban saliendo nada bien. Todo iba muy despacio y el tiempo para el estreno se acababa. Además, el papel de protagonista estaba siendo cuestionado, pues el actor elegido no estaba a la altura del papel. Finalmente, la directora de la obra se decidió por sustituirlo y el elegido para el papel fue Jordi.

Como ya vamos conociendo a Ignacio, en lugar de alegrarse por la elección de su amigo, la decisión de la directora por el cambio de papel le gustó poco, porque tenía la impresión de que se habían olvidado de él. Su reacción no se hizo esperar. Se levantó de su silla y se fue a casa con un enfado monumental. La profesora, conocedora de la amistad que le unía con Jordi, envió a este a buscar a Ignacio. Lo encontró ya en la calle y lo llamó a voces, pero Ignacio no quería escucharle. De pronto se paró, se quitó su camiseta y comenzó a dar saltos sobre ella. Era su manera de canalizar su enfado. Él quería sentirse importante y valorado y no supo gestionar lo que en aquel momento consideró un fracaso. Jordi, mirándole a distancia, entendió que era absurdo insistir en ese momento. Dio la vuelta y encaminó sus pasos de vuelta al instituto. Ya hablaría mañana con él.

En alguna ocasión a Ignacio también le tocó sacrificarse por todos sus compañeros. Un día en clase de Ciencias Naturales el profesor había dividido a los alumnos en grupos para trabajar, lo que generó un gran movimiento y provocó una algarabía de voces en el aula. Cuando el profesor estimó que aquello no podía ir a más, enfadado, levantó la voz y eligió a un alumno para que «pagara el pato» y dijo: «Ignacio, puedes cerrar la puerta por fuera». Ignacio salió dócilmente y aun cuando unos minutos después intentó volver a clase abriendo la puerta y asomando tímidamente su cabeza, ese día el castigo fue solo para él.

¿Cómo era Ignacio?

Allí en el instituto, se fueron forjando los rasgos de su carácter que le acompañaron siempre. Su persona se fue moldeando hacia la bondad y la inocencia. Poseía una gran timidez que le impedía aguantar la mirada en los ojos de la otra persona. Era un joven de pocas palabras que no solía mostrar sus sentimientos. No era muy efusivo en los reencuentros ni tampoco de grandes lamentaciones o compasiones. Ciertamente, interpretar lo que sentía y pensaba era complicado para la gente de su entorno.

Siempre trató de vivir desde la sencillez, sin impostaciones, pero poniendo la máxima ilusión en todo lo que emprendía. Su misión no era agradar o complacer a nadie. Cuidaba a las personas de su entorno desde el respeto, sin diferenciar en su edad, y era plenamente consciente de la dignidad que todo ser humano tiene por el hecho de ser persona. Todo ello lo aplicó a las relaciones con los demás. Con su padre desarrolló una actitud tolerante ante la firmeza que este tendía al imponer sus opiniones y decisiones, y lo acataba. Y, aunque en ocasiones la experiencia es la que aporta sabiduría, ya en su juventud Ignacio fundamentaba sólidamente sus opiniones fruto de su propio criterio. Sus convicciones se tornaron tan férreas que el ser fiel a sí mismo, en ocasiones, le hacía ser políticamente incorrecto. Pero él solo quería llevar la verdad por delante.

Segunda parte

JUVENTUD

¿Qué quiero estudiar?

Los padres, intencionadamente o no, son referentes en la vida de sus hijos. Y con Ignacio no podía ser de otra manera. Habitualmente se habla de la unión tan especial que se establece entre una madre y su hijo, un hilo irrompible de dependencia que permite la existencia de una nueva vida. Y aunque desde un punto de vista científico, el cordón umbilical que une a una madre con sus hijos cree un vínculo físico y vital, es muy probable que también sea comunicador de una relación humana. Ana fue un referente para Ignacio, tanto en su vida como en su vocación profesional. La fuerza de voluntad de su madre era un manantial inagotable. Tras estudiar COU —actual segundo de Bachillerato— estando embarazada, se examinó de la prueba de acceso a la Universidad, conocida entonces como Selectividad, cuando Ignacio tenía apenas un mes de vida. Con más embarazos por llegar y el cuidado de cinco hijos, estudió Derecho en la Universidad a Distancia —con la dificultad de la lejanía al Centro de apoyo para esos estudios que estaba en La Coruña, setenta kilómetros por carreteras muy incómodas—, hasta conseguir su licenciatura en 1994, cuando sus hijos ya eran más mayores y no requerían tanta atención. Ana había culminado una exigente carrera de fondo, pero no esperó mucho para emprender otra singladura. Poco después abrió un bufete de abogados en un apartamento, adquirido como inversión pensando en la futura, y aún lejana por entonces, jubilación. La etapa laboral que entonces emprendió supuso un enriquecimiento para ella, tanto en el plano profesional como en el personal. Fue entonces cuando, además de sacar adelante el trabajo de su despacho, se ofreció voluntariamente a ofrecer asesoramiento jurídico de manera gratuita en una dependencia de la concejalía de Asuntos Sociales de Las Rozas, para aquellas personas que, por su situación económica, no podían costearse esa asesoría legal.

En aquel tiempo, Ignacio no podía ser consciente del esfuerzo y la dedicación a la que se entregaba su madre, pero el ejemplo materno fue calando, como una lluvia fina y constante, en él y en todos sus hermanos. Era imposible no reconocer la perseverancia de una mujer que tardó veinte años, y cinco hijos, en terminar sus estudios de Derecho.

El orgullo que sentía hacia su madre impulsó a Ignacio a seguir sus pasos y orientar su vida hacia la abogacía. Tenía, pues, muy claro que llegado el momento elegiría Derecho. Lo que le planteaba más dudas eran los estudios con los que pensaba complementar su primera opción. En un principio pensó hacer también Empresariales, como su hermano, pero como suele ocurrir, este camino tenía sus pros y sus contras, y entre estas últimas, la peor de todas era tener que estudiar matemáticas. La verdad es que esta disciplina fue siempre un talón de Aquiles para Ignacio y no estaba dispuesto a que su estudio le amargase la carrera. Pero, sin él saberlo, el tiempo se iba a convertir en su mejor aliado. El progresivo incremento de la oferta educativa en las universidades españolas generó un amplio espectro de carreras para elegir. Y, aunque en algunos casos el exceso de oferta hace más difícil la elección, como a menudo ocurre en los restaurantes con muchos platos, para Ignacio fue una manera de facilitarle su cada vez más cercana decisión. Finalmente, se decantó por cursar «Derecho Hispano-Francés», que se impartía conjuntamente en la Universidad Complutense de Madrid y la Universidad de la Sorbona de París.

Esta titulación, que hoy se conoce como «Doble Titulación Internacional Grado en Derecho UCM con la Universidad de la Sorbona», tuvo su origen el curso 1995-1996 y proporciona una amplia formación tanto en derecho español como francés, aunque es de esas carreras a las que, por mucho aderezo y adorno que le pongas al nombrarla, siempre será «Derecho Hispano-Francés». Por dentro sigue teniendo una duración de cuatro años, de los cuales, los dos primeros se imparten en la Facultad de Derecho de la Universidad Complutense de Madrid, y tercero y cuarto en la *Université Paris I Panthéon-Sorbonne*.

Con el estudio en estas universidades, Ignacio mantenía su relación con la enseñanza pública. En el caso de la Complutense, además, es la más antigua de las universidades madrileñas y goza de un afamado prestigio en España y entre los países hispanohablantes. Por su parte, la universidad parisina está especializada en ciencias sociales y es la más grande del país vecino y una de las que goza de mayor reconocimiento mundial en cuanto a la titulación en Derecho.

Derecho Hispano-Francés

Desde que Ignacio descubrió la existencia de esta titulación que poco tardó en levantar su interés, ya sabía que, además de superar la prueba de selectividad para el acceso a la universidad, tendría que aprobar un examen de nivel de francés para poder cursar una de las pocas plazas que se ofrecían. Se trataba de un nivel exigente, equivalente a un B2. Esta prueba se dividía en dos partes. La primera, oral, en español y francés, ante el tribunal designado para la selección; la segunda prueba, escrita, únicamente en francés, de comprensión, traducción y contestación a las preguntas que el mencionado tribunal selector quisiera hacerle. La decisión final venía dada por el nivel de competencia oral y escrita y los conocimientos y las habilidades presentadas por el alumno. No era, pues, un asunto sencillo aquel. Para que nos hagamos a la idea, si lo traemos a la actualidad, en el curso 2022-2023 realizaron la prueba cuarenta y dos personas, de las cuales, tan solo veinticinco accedieron a cursar el grado.

Y todos nos preguntamos: ¿cómo adquirió Ignacio los conocimientos necesarios de francés para hacer frente a una prueba tan decisiva? Él recibía dos horas semanales de dicho idioma en su instituto, al margen del horario escolar y a las que los alumnos accedían de manera voluntaria. Se trataba de una asignatura que se daba a última hora, que, sin duda, era la peor para mantener la atención, cuando todos estaban ya cansados y con ganas, únicamente, de volver a sus casas. Pero tan claro tenía Ignacio que debía pasar por este sacrificio del estudio del francés para cumplir sus planes futuros, que no faltaba ni a una sola clase y siempre se sentaba lo más cerca del profesor para atender y enterarse bien.

A este duro empeño también habría que añadir que Ignacio podía seguir el ejemplo de sus hermanos mayores, que ya habían tenido la oportunidad de hacer intercambios con chicos franceses que pasaban unos días en el verano en su casa y, posteriormente, la visita se repetía en una casa francesa. Y, por si fuera poco, también se matriculó en la Escuela Oficial de Idiomas para estudiar inglés y francés. Así que la mezcla de todos estos ingredientes hizo que Ignacio llegara a tener un conocimiento del idioma francés mayor que el que gozaban sus compañeros del instituto. Ahora hacía falta saber si esa superioridad sería suficiente para afrontar con garantías el examen que se le exigía para ingresar en su carrera soñada. ¿Y dónde estaba la clave para conseguirlo? En su fuerza de voluntad y su perseverancia, las dos actitudes que había recibido de su madre.

Pero, a pesar de su empeño tan temprano por el francés, convertido casi en una obsesión, todavía tenía tiempo de perfeccionarlo, pues le quedaba un año para llegar a la universidad. Primero debía enfrentarse al temido COU, Curso de Orientación Universitaria —actual segundo de Bachillerato—, al que llegaba, por supuesto, sabiendo más francés que ninguno de sus compañeros, los cuales, junto con la profesora, quedaron sorprendidos de los avances de Ignacio cuando se encontraron a la vuelta del verano.

Superado el curso, llegó el momento de hacer la prueba de acceso a la universidad. Ignacio se esforzó mucho y, mientras salían las notas que decidirían su futuro, sus padres le enviaron tres semanas, junto a su hermano Enrique, a Irlanda. Sin embargo, a los diez días de estar allí tuvo que regresar a España para enfrentarse a la prueba de francés para la que se había estado preparando durante meses. Y después de tanto esfuerzo, todo fue bien. Superó la Selectividad y su nivel de francés fue suficiente para aprobar el examen de acceso a sus estudios. La Universidad Complutense de Madrid abría sus puertas a Ignacio. Corría el año 1996.

Primer y segundo año de carrera

Como Ignacio tenía tan claro su fin, llegó muy ilusionado a la universidad porque, además, se había esforzado por ello desde años atrás. Aquello no era más que la recompensa. Allí pudo comprobar en las primeras semanas que la mayoría de sus compañeros procedían del Instituto *Lycée* (Instituto Liceo Francés), por lo que su nivel de francés era muy alto. Pero lejos de desilusionarse, saber eso le sirvió de acicate para emplearse aún más con el francés para poder llegar a los dos últimos cursos, que cursaría en París, con el mayor nivel posible. Por esta razón continuó sus estudios en la Escuela Oficial de Idiomas, añadiendo el alemán en su empeño por ser cada vez mejor.

Lo cierto es que, desde su llegada a la universidad, Ignacio se tomó muy en serio sus estudios. Aquello era para él como un partido de fútbol en el que todo contaba desde el minuto uno, desde que el árbitro había hecho sonar su silbato. Comenzó entonces una gran entrega a esta materia. Durante el curso, sus amigos le veían desde la calle, a través de la ventana, estudiando en su habitación, pero en vacaciones, sus amigos le seguían viendo desde la calle estudiando en su habitación. La respuesta que obtenía su amigo Guillermo González Arnau y su primo alemán cuando iban a buscarle para dar una vuelta era un saludo de Ignacio desde la terraza para decirles que no podía permitirse un descanso en el estudio.

En cuanto a la relación con el resto de compañeros, no resultó el cambio que Ignacio esperaba al llegar a la universidad. Al tratarse de una etapa en la que uno parece hacerse «mayor», en muchas ocasiones se idealiza lo que se espera. Como ya le ocurrió en sus estudios anteriores, tampoco su vida de universitario le resultó cómoda durante sus primeros años. Estableció una relación muy cercana con un compañero francés, hijo de padres españoles, y con un argentino, que venía de un colegio de Francia, pero este grupito estaba al margen del resto de la clase. No consiguieron fraguar sólida amistad con otros compañeros. Ellos estudiaron de forma conjunta y compartieron apuntes, lo que ayudó a Ignacio, ya que sus dos amigos eran bastante brillantes.

Bienvenue à Paris

¡París! Ignacio afrontó con gran entusiasmo los últimos cursos de su carrera. Vivía en una casa situada en la Rue Dauphine, junto a la catedral de Notredamme. Según su amigo Alexis, quien fue a visitarle, resultó ser la casa más pequeña que había visto en su vida. Era un estudio en un quinto piso, sin ascensor. El edificio mantenía reminiscencias de las sucesivas modernizaciones; con llaves de agua en la escalera y no en las propias viviendas, de la época en la que se dotó de agua a la vivienda. Cuando Ignacio llegó, el agua ya llegaba a cada apartamento.

Como todos intuíamos, e Ignacio más aún, la primera sorpresa con la que se topó fue la del idioma. Es una norma que, cuando alguien llega a un país extranjero y emprende una primera conversación con un natural del país, se da cuenta de repente de que se sabe mucho menos del idioma de lo que podía creer. Pero fue solo una sorpresa de la que Ignacio enseguida se repuso, porque, por supuesto, no iba a dejar, a estas alturas, que el idioma se interpusiera entre él y sus objetivos. Por lo tanto, siguió disfrutando de sus estudios y, también, consiguió entrar en un grupo grande de amigos con los que compartía buenos ratos.

Un año complicado

En esta feliz vida de Ignacio, lo que no se contemplaba era que tuviera que quedarse un año más en París y, especialmente, por el motivo por el que todo ocurrió. A estas alturas ya todos vamos conociendo a Ignacio y por estar en tierra extraña no iba a dejar de juzgar lo que él consideraba que no estaba bien. Además, siempre lo hacía de frente. No en vano, condenar una injusticia directamente a la persona que la está cometiendo está reservado solo a los valientes. Esta fue la razón por la que en tantas ocasiones tuvo que enfrentarse a situaciones que le devolvieron una injusticia por otra. Y algo así es lo que le ocurrió en su último año de universidad en París.

Una profesora le suspendió una asignatura porque Ignacio le echó en cara que estaba dando dogma en lugar de impartir la materia que debía. Nunca sabremos si, cuando lo hizo, era verdaderamente consciente del riesgo que corría al decirle esto a su docente, pues sabía que esta tenía la potestad de suspenderle. Lo que está claro es que, para él, primaba la justicia ante sus propios intereses. Consecuentemente, Ignacio tuvo que prolongar su estancia en París para recuperar aquella asignatura. Esta situación provocó un exceso de tiempo libre para él y emprender una nueva relación con sus nuevos compañeros. Por supuesto, la tenacidad de Ignacio por conseguir su fin hizo que no desfalleciera ante esta imprevista situación. Y, aunque su fuerza de voluntad y su diligencia en el cumplimiento de obligaciones se mantuvieron intactas, sí sufrió secuelas físicas. Adelgazó tanto que aparecieron estrías delatoras sobre su piel, pero nada le iba a frenar porque tenía claro que se graduaría en La Sorbona, fuera como fuera.

En aquel tiempo de angustia y soledad, Ignacio recibió la visita de sus padres en un par de ocasiones. Aquella inyección de cariño y sentido común le vino muy bien, pues con ella sus padres consiguieron que llenara su tiempo de distracciones que le aireasen la mente. Fue entonces cuando se aficionó a ver cine gracias a una tarifa plana que le permitía acceder a toda la cartelera por un módico precio. En busca de planes que eclipsaran el aburrimiento fue a visitar a su tía abuela Carmen Hornedo, «Menchu», a la casa fundacional en Francia de la Orden del *Sacre Coeur*, distante unos cientos de kilómetros de París. Su tía Carmen estaba pasando allí una temporada acompañada de siete monjas jóvenes que vivían en aquel lugar. Lo pasó en grande y le sirvió para cargar las pilas.

A los amigos, ya más abandonados, los llamaba de cuando en cuando y ellos se daban cuenta de lo solo que se encontraba, pues las llamadas de Ignacio se producían los viernes por la noche, momento en el que el que más y el que menos ya tenía su plan trazado para aquella noche y para el fin de semana. Así, mientras la gente de su edad extendía su red de amistades, se emparejaban o descubrían nuevas experiencias, Ignacio, con una oportunidad única para hacerlo, no lo consiguió.

Y, sin embargo, sin saber cómo ni por qué, comenzó a fijarse en una chica, lo que lo sumió en un triste estado, pues no resultó correspondido. A pesar de los ánimos de los amigos, que intentaban hacerle ver la situación desde otra perspectiva, lo cierto es que las palabras no pudieron doblegar los sentimientos de Ignacio. Incluso Luis Miquel le envió una carta en aquellos momentos recordándole todas las cosas positivas que tenía y animándole a hablar con aquella chica.

Sin ninguna duda, uno de sus mayores apoyos en aquella época fue su amigo Juan Mazarredo. Lo conoció en 1996, el año en el que comenzó la carrera, y fue un gran amigo toda su vida. Coincidieron en tierras francesas porque Juan estaba aquel año en París trabajando en sus prácticas. Y, además de compartir noches de copas en su casa, futbolín y fiestas por el barrio latino, zona habitualmente frecuentada por estudiantes, Juan fue quien pudo compartir la soledad de Ignacio en primera persona en aquellos ratos en los que coincidían, y comprobar su soledad y el esfuerzo que para él supuso aquel último año de carrera que le costó sudor y lágrimas. Su apoyo en Dios en aquellos momentos angustiosos fue decisivo para él. El cajón en el que guardaba su fortaleza estaba en las mejores manos. Definitivamente, en 2001, se graduó en «Derecho Hispano-Francés».

El *skate*

Entre los huecos de sus tribulaciones y sus estudios se colaba el *skate,* al que se aficionó cuando se trasladó a vivir a Las Rozas. Desde entonces, a pesar de que salía con su bicicleta, siempre terminaba su paseo ciclista parado y mirando atentamente a los *skaters.* Su afición creció y junto a un par de amigos construyó una plataforma para patinar en el Parque de París, no muy lejos de su casa. En esa pista improvisada se rompió el brazo casi inmediatamente al probarla, lo cual no le impidió volver a patinar en cuanto le quitaron el yeso.

Más de una vez la Policía Municipal le echó de la Plaza de España de Las Rozas, ya que estaba prohibido patinar allí, y le cayó alguna que otra multa. Uno de aquellos días estaba en la plaza con otros chavales y con su amigo Ricardo. Aparecieron dos coches de policía local, cada uno cerrando una de las dos salidas del parque. Ricardo, adelantándose a la jugada, escondió su *skate* entre los arbustos mientras se comía un bollo simulando que él pasaba por allí. Los policías comenzaron a requisar los monopatines y cuando se acercaron a la zona en la que se encontraba Ricardo, Ignacio, en las mismas barbas del policía, escondió su tabla junto con la de su amigo. Como era de esperar, echó abajo el plan de camuflaje de su buen amigo y ambos se quedaron sin monopatín.

Todos los jóvenes comenzaron a protestar por la injusticia que los guardianes del orden público estaban cometiendo, pero no consiguieron que les devolvieran sus preciados tesoros sobre ruedas. Así que, animados en su protesta, el grupo de afectados fueron a quejarse a la casa del mismísimo alcalde. Este tuvo que tranquilizarles, llamar a la policía y los envió a todos a comisaría para recuperar sus monopatines. Aquello fue una victoria por partida doble porque, además de recobrar sus tablas, regresaron a casa con una promesa que el alcalde les había hecho: «Haré unas pistas de *skate* próximas a las Cabañas II». Tiempo después, el alcalde cumplió lo prometido y fueron las primeras pistas de *skate* de Las Rozas.

Otro lugar en el que Ignacio solía rodar fue el *Skate Park* de Villanueva del Pardillo, en el que pasó muchos ratos junto a su amigo Juan Gabriel Marcelino. Igual que para un lector empedernido sus libros favoritos son los que le definen, para un *skater* son los saltos que logra. Entre todos ellos, el favorito de Ignacio era el *Imposible*. Consistía en hacer girar la tabla en el aire después de rodar sobre ella para que una vez que cae al suelo, la persona quede montada. El *Flip* era otra acrobacia que también le gustaba mucho. En este caso se hacía girar la tabla sobre sí misma en posición horizontal para acabar encima de ella cuando el giro terminara. Otra de sus maniobras preferidas era el *Grindar* y se trataba de deslizarse por una superficie de hierro montado en la tabla.

Con los amigos con los que patinaba tenía una unión muy especial porque, al fin y al cabo, eran muchas las horas que pasaban juntos, y compartían una afición que para ellos se había convertido en un estilo de vida. Fue en estos ambientes donde Ignacio conoció a mucha gente nueva que se quedó para siempre en su vida. En Majadahonda, gracias a un amigo común, conoció a Pablo Cordero, o «Pablo C», que era como le gustaba llamarle a Ignacio. Vivían muy cerca y era fácil verlos juntos pues quedaban a menudo para patinar o para tomar algo. Pablo le esperaba al lado del colegio Cristo Rey e Ignacio le recogía con su Renault Megane color gris para ir a cualquier lado.

La pasión por el patinaje creció de tal manera que los alrededores más cercanos se les quedaron pequeños y planearon viajar a otras ciudades para patinar. Sus *skates* rodaron primero por Salamanca, ciudad natal de Pablo, quien se convirtió en guía turístico en el viaje. Tan encantados quedaron de esta experiencia, que un día les pareció poco y planearon otra escapada para el verano en la que pudieran disfrutar de algunos días más. El destino elegido fue Santa Pola, en Alicante, donde la madre de Ignacio tenía una casa. Lo cierto es que solo la pisaron por la noche para dormir, cuando llegaban con el cuerpo a rastras por el cansancio acumulado de la jornada: playa, por la mañana, y patinaje hasta el agotamiento, por la tarde. Así se repetían sus días invariablemente. Este viaje al Mediterráneo fue solo el primero. Después vinieron otros como el del País Vasco, en el que a Ignacio le tocó estar pendiente de Pablo por una lesión que sufrió mientras hacía el «tonto» con su monopatín. Pablo siempre ha sentido a Ignacio como un amigo con el que podía contar para todo. Estas convalecencias eran comunes entre los *skaters* por lo arriesgado de su afición. De vez en cuando, frenaban en sus ansias para respetar a aquel que había quedado fuera de juego como ocurrió con su amigo Alexis, al que Ignacio le hacía compañía jugando al ajedrez; o como le acontecería al propio Ignacio cuando se rompió un brazo. Nadie era irrompible en aquella cuadrilla.

Evidentemente, en las pistas no todo eran siempre risas y disfrute para Ignacio. Sus amigos recuerdan sus memorables golpes, definidos en dos partes. En primer lugar, se retorcía de dolor y, a continuación, se subía a la tabla como si nada hubiera ocurrido. De todo hubo en aquellas jornadas de patinaje. En una ocasión, salió en defensa de un chico y una chica que estaban siendo molestados por un chico mayor que ellos. Días más tarde, se presentaron en la pista de patinaje nueve personas en dos coches para darle una paliza a Ignacio. Con los golpes aún sin sanar, con dolor y con lágrimas en los ojos se lo contó apenas un mes después a Guillermo González Arnau en Comillas. Este dice que es la primera y última vez que le vio llorar. Pero su llanto no era tanto por el dolor físico, sino por lo injusta que resultó la situación: «Han quedado conmigo para matarme», le decía a su amigo.

Entre rodada y rodada había momentos para hablar de asuntos más profundos, y para Ignacio cualquier instante era bueno para interesarse por las cosas y los pensamientos de sus amigos. Juan Gabriel era dominicano y al conocerlo, enseguida se interesó por su cultura y por sus creencias. Se veían en el parque o quedaban en Madrid todos los meses. Uno de esos días en los que se veían le preguntó si creía en Dios, a lo que Juan Gabriel respondió con un rotundo sí, y añadió: «Por supuesto que creo en

Dios, ¿tú te piensas que hemos nacido de la nada? Está claro que todo lo que vemos hoy en día, la naturaleza, los animales, los seres humanos, bajo mi perspectiva de vida, es por algo y por creación de Dios».

Otra afición

Hacia el año 2010, una nueva afición se abrió paso en la vida de Ignacio: la edición de vídeos. Sus amigos pensaban que quizá sería algo a lo que podría dedicarse si se formaba, ya que realmente le apasionaba, aunque el propio Ignacio se reía cuando se lo decían.

Su primer vídeo publicado fue el que llevó a cabo con alguno de sus amigos del *skate* para un concurso que estaba haciendo la marca de automóviles *Renault*. No lo ganaron, pero si el lector quiere parar un poco en su lectura y echarse unas risas, el vídeo puede verse en *Youtube* bajo el título *Hasta los zombies te lo querrán contar*. Después puede seguir leyendo.

Digamos que, en general, era muy habilidoso en asuntos informáticos. Ayudaba a su madre cuando el ordenador se le «atragantaba». Ya conocemos la complicada relación entre las personas más mayores y la joven informática. Sus habilidades le permitían arreglar ordenadores viejos, como aquel de su amigo Guillermo González Arnau que le duró otros tres años más. E incluso cuando venían los amigos de su padre a casa siempre les ponía en orden sus móviles. Todas estas labores no eran ningún incordio para él, todo lo contrario. Le encantaba hacer más fácil la vida de los demás. En una ocasión se fue de viaje con su amigo Alexis a Albacete, pues este iba a participar en una competición de motos en el circuito de aquella ciudad. A la vuelta, Ignacio le envió todas las fotografías que habían hecho renombradas para facilitar las búsquedas. Estos pequeños detalles, que sorprendían a sus amigos, lo hacían especial.

Su familia

La figura paterna en la vida de Ignacio y en la de sus hermanos siempre ha sido un referente de autoridad. A la temprana edad de doce años, Ignacio comenzó a reivindicar aquellas cosas que no le parecían bien y, especialmente, las imposiciones de su padre. Le dolía la incomprensión de Joaquín y, sobre todo, la impotencia que sentía por no poderle hacer entrar en su realidad. Este choque con su padre era tan profundo que se dejó notar en su conducta.

En su colegio de Las Rozas pronto se dieron cuenta de que algo pasaba. No tardó mucho en aparecer Ignacio en el colegio con la marca de un correazo en el muslo que su pantalón corto dejaba al aire. Su padre no sabía cómo conducir la educación de una manera más comprensiva y esto hizo que Ignacio no se expresara con la misma libertad en casa como fuera de ella. En otros ambientes encontró mayor receptividad y era capaz de decir «eso no es justo», lo cual en su casa no tenía cabida.

El paso del tiempo fue cambiando la relación y también la manera de educar, pero la autoridad paterna seguía manteniéndose. Episodios aislados así lo prueban.

Cuando Ignacio ya contaba con veinte años mantuvo una discusión con su padre en el coche camino a la playa de Merón, que finalizó cuando su padre le dijo que se volviese a casa. Desde aquella playa hasta el pueblo de Comillas hay siete u ocho kilómetros y una colina en el pueblo de Gerra hace más duro el camino. Ignacio no se lo pensó y fue obediente una vez más. Se enrolló su toalla a la cintura y se marchó. Juan Mazarredo se ofreció para llevarle en su coche, pero con un punto de orgullo y rebeldía, Ignacio estaba dispuesto a cumplir el castigo que su padre le había impuesto.

Otro episodio inolvidable fue el día que Ignacio pasó en la casa fundacional del *Sacre Coeur* con su tía «Menchu». Fue durante el último año de carrera en París. Cuando empezaron a cenar, el párroco hizo ademán de servirle vino en su vaso, pero Ignacio dijo que no bebía. El sacerdote, sorprendido, le preguntó que por qué no. Ignacio solo le comentó que su padre no quería. A pesar de que el cura insistió, argumentando que al no estar allí su padre podría decidir él mismo, pues era mayor de edad, Ignacio se enrocó en su postura diciendo que, si su padre no quería que tomara vino, él no lo iba a tomar entonces. Tenía tal sentido de la responsabilidad que se obligaba a hacer lo que su padre dictase. Eso es lo que Ignacio consideraba que debía hacer como hijo: honrar a su padre con la docilidad que se esperaba de él. En su boca se encontraban constantemente las palabras: «Dice mi padre...»; «mi padre opina...»; «cuenta mi padre...». Como vemos, ejercía una tremenda influencia sobre él y le tenía siempre presente.

Todos estos acontecimientos muestran claramente la relación tan distante y lejana que mantenía con su padre. Buena parte de los desencuentros estaban relacionados con la diferencia abismal entre sus preferencias y sus gustos, que, por supuesto, su padre no entendía. La manera de afrontar los asuntos familiares por parte de Joaquín solía llevarlos a enfrentamientos en los que el más débil se llevó la peor parte. Sin embargo, a su padre le hacía feliz ver a su hijo en casa cuando venían sus amigos e Ignacio se sentaba a charlar con ellos.

Ignacio vivió con su padre muchos momentos angustiosos respecto a la religión. Joaquín no entendía ni estaba de acuerdo con la conducta de algunos pastores de la Iglesia. Incluso, en su juventud, tuvo distintos episodios en los que, estando en misa, en plena homilía se levantó y se fue, increpando al sacerdote porque consideraba que lo que decía no estaba bien. Cuando hablaba con Ignacio sobre estos temas, Joaquín no era comprensivo y a su hijo le dolían las faltas de respeto que manifestaba. Aun así, de manera generosa, su hijo se armaba de paciencia y misericordia y le explicaba que aquellas malas conductas no eran de la Iglesia, sino de las personas responsables de ellas. Ignacio perdonó muchas veces a Joaquín en este aspecto en el que tanto divergían. En ocasiones, costaba distinguir quién era el adulto y quién el adolescente, necesitado de consejo.

La relación que Ignacio mantuvo con su madre fue muy distinta. Desde bien pequeño le gustaba pasar tiempo con ella y con su hermana Ana. Formaban un buen equipo entonces y aquella cercanía con su madre se mantuvo hasta el día de la muerte de Ignacio. Cuando se trasladó a Londres, como más adelante veremos, hablaba todos los días con ella poniéndola al tanto de todos sus asuntos profesionales y domésticos. A su madre, Ana, le gustaba escuchar que muchos días Ignacio iba a casa de su hermana Isabel a pasar tiempo con ella y con su sobrina Lucía. Y, como no podía ser de otra manera, su asesoría informática no cerró porque él se trasladara de país. Eran habituales las llamadas de su madre en busca de ayuda contra Internet, el gran enemigo. Esto puede parecer paradójico, porque la madre de Ignacio, cuando se casó, abandonó su oficio de programadora de ordenadores en la empresa nacional ENASA, pero se ve que aquella informática no tenía nada que ver con la informática personal del siglo XXI.

Ignacio tenía una buena relación con sus hermanos. Enrique, el que le antecede, le transmitía seguridad y protección, aunque los ambientes en los que se movían eran diferentes. Enrique gozaba de gran decisión; era un estudiante excelente y tenía el físico y la capacidad de enfrentarse con cualquiera por proteger a sus hermanos. En más de una ocasión, como ya sabemos que Ignacio defendía las causas perdidas, tuvo cerca a su hermano mayor que hacía que los problemas fuesen... menos problemáticos. Ni siquiera pensaba Ignacio que estas capacidades innatas de su hermano pudieran dejarle a él en evidencia o a la sombra de su figura.

Lo cierto es que en casa todos estaban muy pendientes de Ignacio. En ocasiones, hasta demasiado. Prueba de ello es el comentario que le hizo su amiga María Díaz a su madre: «A ver si dejáis a Ignacio en paz de una vez». La razón es que Ana siempre intentaba que Ignacio encajara en los sitios y sentía que debía estar al tanto de aquello, aunque la realidad es que la gente que conocía a Ignacio ya sabía de sus debilidades y fortalezas.

Cuando llegaron a Las Rozas tuvo que compartir habitación con su hermano Enrique. La discusión de todas las noches se centraba en la altura a la que había que dejar la persiana. Así, mientras Enrique quería bajarla completamente, Ignacio luchaba porque unas rendijas quedaran abiertas para que entrara algo de luz por la mañana. Tampoco se mostraba menos beligerante cuando su hermano mayor intentaba leer y él quería dormir, de manera que Enrique solía acabar leyendo en el baño.

En una ocasión hicieron un viaje juntos a Irlanda para aprender inglés. A pesar de que Enrique tenía mayor conocimiento del idioma que Ignacio, pronto le sorprendió comprobar el volumen de vocabulario que había adquirido su hermano. La solución nos la da una constante en el aprendizaje de Ignacio: memorizar las palabras del diccionario.

Aunque se llevaban dos años de diferencia, siempre estuvieron muy unidos. Jugaban en los mismos sitios, compartían aficiones y algunos amigos de Enrique eran los hermanos mayores de los amigos de Ignacio. De hecho, muchas veces reconocían a los hermanos de Ignacio por las peleas en las que este estuvo metido. Divertida es la anécdota que cuenta su hermana Isabel cuando, adolescente, fue a una discoteca y el portero le dijo: «Hombre, la hermana de Echeve. Con tu hermano me he peleado en el patio unas cuantas veces».

Ignacio siempre estuvo orgulloso de su hermana Ana. Presumía de ella ante sus amigos pues había terminado la doble licenciatura en Derecho y Empresariales y había sido contratada por una importante empresa internacional.

El tío Ignacio, el hermano de su madre, mantenía una relación buena y constante con su sobrino. Al morir su madre, Amanda, quedó solo e iba a comer a casa de los Echeverría un par de veces por semana. Habitualmente, su sobrino Ignacio era el que ayudaba a su madre e incluso, cuando esta no estaba, comían solos los dos, atendido con el mismo cariño con el que le atendía su hermana.

La «otra familia»

Pero además de su familia de sangre, Ignacio tenía su *otra familia*. Un encuentro inesperado en Comillas en 1986 fue el origen de la relación entre ambas familias. Ana y Victoria, las madres de cada familia, fueron compañeras en el colegio Sagrado Corazón de Caballero de Gracia, en Madrid, y tras muchos años volvieron a encontrarse. Victoria, por entonces, ya tenía cuatro niñas; Ana, por su parte, los cinco.

Ambas familias disfrutaron de un amigable trato desde el principio pues se produjo una armónica compenetración tanto entre los padres como entre los hijos, lo que propiciaba una amable convivencia cada vez que se juntaban. La confianza fue tal que, las hijas de Victoria, cuando no les gustaba la comida de casa para ese día o cuando había visita en su casa, lo cual les aburría enormemente, decían: «Me voy con la otra familia» y se volatilizaban instantáneamente. En muchas ocasiones, a las nueve y media de la noche sonaba el timbre en casa de «la otra familia». Era Ignacio, que no tenía plan y quería cenar con ellos y después jugar a las cartas «en familia», como era costumbre en casa de Victoria. Ignacio no tenía la oportunidad de jugar a las cartas en su casa porque su padre había proscrito ese tipo de juegos, pero su hijo no compartía esa prohibición que, es de suponer, consideraba caprichosa.

Y, aunque Ignacio era amigo de los hijos, a diferencia de sus hermanos, se pasaba por la casa de la *otra familia*, aunque no estuvieran en ese momento los hijos. Sencillamente le gustaba pasar tiempo con Victoria. Le enseñaba vídeos suyos patinando, con sus correspondientes caídas, por supuesto. El instinto maternal de Victoria le hacía escandalizarse con los golpes, lo que divertía mucho a Ignacio, generando una complicidad muy agradable entre ambos.

La relación entre las familias se prolongó en el tiempo y todos recuerdan con cariño la celebración de las bodas de plata de Victoria y su marido, en las que viajaron a París y, como Ignacio estaba por entonces en La Sorbona, fue invitado a cenar con ellos.

Parroquia

La parroquia de San Miguel en Las Rozas era la iglesia de Ignacio. Allí fue a catequesis y después a confirmación. Su madre fue catequista cuando él era pequeño y, siguiendo su ejemplo, años más tarde, cuando llegó a Londres, Ignacio comenzaría a impartir catequesis a niños hispanohablantes.

Igual que en Las Rozas, en Comillas también asistía a misa todos los domingos. Y eso a pesar de que, en esta última, en ocasiones, no era capaz de permanecer todo el rato dentro debido a su alergia a la humedad y el polvo que contenía en su interior a causa del clima tan costero. Aun así, y a pesar de los «sermoneos» de sus amigos, no faltaba un solo domingo a su cita con el Señor.

Y, por supuesto, siempre se mostraba dispuesto a ayudar en todo aquello que se necesitara en la parroquia. Incluso en las procesiones de Semana Santa portó algún paso, aunque no resultara una experiencia del todo placentera, debido a su inexperiencia con el necesario equilibrio con el que hay que manejarse en estos menesteres.

Comillas

«Cierra los ojos e imagínate el sitio en el que te gustaría estar ahora mismo». Ignacio pensaría en Comillas. Desde pequeño, e incluso una vez que comenzó su vida laboral, siempre hizo un hueco para disfrutar de unos días de vacaciones en «su Comillas del alma».

Los lazos con Comillas se ataron muchos años atrás. Sus abuelos maternos ya veraneaban en este lugar. Su tío abuelo Antonio Hornedo, a quien Ignacio apreciaba sinceramente, nació allí en 1915. Tiempo después, Joaquín y Ana eligieron heredar la casa de la abuela de Ignacio, no especialmente grande, pero capaz de acoger a tantos como fueran como si se esponjase misteriosamente en su interior. Y, lo más importante, siempre había sitio dentro para la alegría y sus puertas siempre estuvieron abiertas para cualquiera que quisiera aventurarse a entrar.

Aun así, a medida que transcurrían los años, aquella casa fue quedándose pequeña. A los padres y los cinco hermanos había que sumar sus respectivas parejas y, en ocasiones, algunos sobrinos. Ignacio aprovechaba esas aglomeraciones para irse a dormir a casa de su tía Rosario. «La del fondo que da al pueblo» era su habitación allí. Y como disponía también de las llaves de la casa, cuando su tía no estaba, algo que era común en Navidad, él tenía libertad para llevar a sus amigos a aquella casa a dormir cuando se juntaban muchos. En este lugar todos los hermanos se sentían como en casa, tanto que su madre les daba un premio si no bajaban a la plaza del pueblo en bañador y camiseta. Ir bien vestidos era una preocupación menos en Comillas, algo que a Ignacio le costó más de un comentario de desprecio.

Fue en este lugar donde se enteró de que existía la profesión de diplomático, gracias al padre de su amigo Guillermo González Arnau, quien le contó cómo era su trabajo. Como era de esperar, Ignacio sumó un reto más a su vida para mezclar trabajo y hobby: «Voy a ser diplomático; así podré patinar en muchos países y tendré las tardes libres para hacerlo».

Un buen papardo

En Comillas, Ignacio tenía amigos procedentes de muy distintos lugares. Con ellos salía y exprimía el tiempo de diversión. En ocasiones, incluso, ayudaba a alguno que vivía allí y trabajaba en un comercio de la villa a recoger y ordenar para que acabara antes sus obligaciones y así podían pasar más tiempo juntos. Su amigo Guillermo González Arnau decía que, muchas veces, disfrutaba más con la gente de allí que con los de Madrid.

En Comillas es común referirse a los veraneantes como «papardos», estableciendo una similitud con los peces que dan nombre a ese mote, que únicamente se acercan a las costas en verano, lo devoran todo y después se marchan hasta el próximo verano. Aunque en un primer momento se empleó como un apelativo para la burguesía madrileña y barcelonesa, en la actualidad su connotación es negativa. De Ignacio, que tejía lazos de amistad con todo el mundo, los comillanos decían que «era un gran chaval, un buen papardo», siempre alegre y con buen rollo.

No era una persona proclive a la efusividad en los reencuentros veraniegos. Cuando veía a Juan Mazarredo, se daban un abrazo y, una vez liberados, encaminaban sus pasos al restaurante Filipinas a comer pescado. *Influencer* de su tiempo, Ignacio marcó tendencia entre sus amigos al comerse las sardinas con cabeza y espina.

Su carácter jovial le proporcionaba una sana complicidad con la gente más joven, lo que le acercaba a los niños. En verano, unas primas, nietas de su tío-abuelo Ignacio, pasaban unos días en el apartamento de sus abuelos, contiguo al que tiene Ana en el Corro de Campíos. Las niñas, que entonces contaban entre ocho y diez años, pasaban su tiempo en la parcela de la parte delantera de la casa y cuando Ignacio, que andaba por los veinte años, pasaba por allí, las saludaba y les regalaba una sonrisa.

Un día, las pequeñas perdieron su timidez y comenzaron a hablarle, y él, con el fin de tomarles el pelo, les contestaba en francés. Y les dijo que no solo había cambiado de idioma, sino también de nombre, pues de allí en adelante tendrían que llamarle François. Las niñas, crédulas, fueron a su padre Joaquín para preguntar si todo aquello era cierto, y se quedó aún más sorprendido que ellas hasta que comprendió que aquella confusión procedía de una de las bromas de Ignacio.

Historia de una amistad

El nombre de Comillas está asociado al de amistad en la vida de Ignacio. Nunca encontramos el origen de una amistad con otra persona cuando nos parece que siempre ha estado ahí. Así lo sentía Ignacio con Guillermo González Arnau. A finales de la década de los años ochenta, ambas familias coincidieron en Comillas y desde entonces se fue forjando una amistad que comprometía sus agostos y los ataba al lugar, mágico para ambos.

Cuando Guillermo llegó, no conocía a nadie, por lo que solía acercarse a un club de tenis cercano para jugar con su hermana. Gracias a ella comenzó a juntarse con un grupo de unos veinte chavales, de edades semejantes, todos ellos procedentes de Madrid. Un día, que no fue un día cualquiera, como veremos, atacando el último tramo de la cuesta que va desde la plaza en la que se encuentra la iglesia hasta la parte alta del pueblo, Guillermo iba preguntando a otro chico los nombres de aquel grupo. Así conoció el nombre del que sería su mejor amigo durante el resto de su vida: «Aquel es Ignacio, pero le llamamos Manano», Manana era el apodo local de su madre. Era entonces el mes de agosto de 1993.

El surf fue, en un principio, el punto de unión entre ambos. Cuando más tarde recordaban aquellos días, siempre les parecía que entonces había más olas y siempre más grandes. No reparaban en que ellos eran en aquel tiempo más pequeños y la escala del mundo había mudado con los años. El tiempo merma la capacidad de asombro.

Poco tiempo después, comenzó a ponerse de moda entre los jóvenes el *kitesurf*. Se trata de deslizarse sobre el agua sobre una tabla con la tracción de una cometa que, inflada con la fuerza del viento, tira del deportista. Su práctica sedujo, especialmente, a Guillermo, quien propuso a Ignacio hacer un curso en Oliva, una localidad de la costa valenciana en la que los padres de su novia tenían una casa. Fue durante el puente de los primeros días del mes de mayo de 2005. Duró tres intensos días de aprendizaje y tres relajadas noches conociendo los sitios típicos de la cercana Denia. Y aún tuvieron tiempo para comer paella en la playa de La Granadella, en Jávea, y de disfrutar de la mejor horchata de Valencia, que Ignacio siempre pedía con un vaso de agua para evitar tomársela de un solo trago, de tanto que le gustaba.

Siendo realistas, no podemos decir que a Ignacio se le diera del todo bien el *kitesurf* y sufrió unas cuantas broncas del profesor. Los tan socorridos nervios eran la excusa perenne de Ignacio para sus errores. Sin embargo, el ambiente con sus compañeros era muy bueno, provocando sus carcajadas cada vez que se refería a la ciudad en la que estaban, Oliva, pues se refería a ella como «La Oliva».

La casa en la que pasaron aquellos días estaba frente a la iglesia, por lo que contaban con despertador incorporado desde el campanario a partir de las seis de la mañana. Y por si acaso se quedaban dormidos, aquellas campanas no solo repiqueteaban en las horas en punto, sino también en los cuartos. Aunque a Ignacio tampoco le importaba demasiado, ya que se levantaba a las ocho de la mañana porque solía decir: «Yo no soy de los que les gusta quedarse tumbado en la cama». Aparecía en el salón y se quedaba allí con el suegro de Guillermo. Su amigo recuerda cómo en su juventud, entre su equipaje de viaje, Ignacio llevaba un misal que le acompañaba en todas sus aventuras por si no le fuera posible asistir a misa y poder así leer el Evangelio que correspondía.

Aquel viaje fue una aventura hasta su final. El regreso se convirtió en una odisea: el famoso atasco del puente de mayo de 2005 que uno puede encontrar en cualquier hemeroteca. Salieron a las ocho de la tarde de la costa levantina y llegaron a Madrid más allá de las tres de la mañana. Pero como no hay mal que por bien no venga, aquellas horas dieron mucho de sí y los amigos hablaron de lo divino y lo humano estrechando aún más sus lazos.

Otra aventura, aún más grande, fue la que comenzó en la vida de Guillermo tres años más tarde: el 14 de junio de 2008, Guillermo se casó. Y entre los testigos contó con uno de lujo: Ignacio. Este se quedó muy sorprendido de que le pidiera algo tan grande y entonces Guillermo le dijo: «pero cómo no te voy a hacer testigo si nos hemos pasado media vida en Comillas». Apenas hay fotografías de

Ignacio en la boda ya que en estos entornos que no le eran familiares se mostraba extraordinariamente discreto. Se le puede ver en el vídeo que graba todas las mesas deteniéndose en cada uno de los invitados con cara de hombre aburrido, recostando su cara sobre la palma de su mano. Aunque sabía que mostrar su aburrimiento no era lo políticamente correcto, a él no le importaba no serlo.

En ocasiones Guillermo simulaba ser más duro que Ignacio, para ver cuál era el límite de su compasión. En una ocasión hablaron de una situación complicada entre un conocido común y la maldad del hermano de este para con su familia. Guillermo le dijo: «¿Y por qué el padre no lo echa de casa?», a lo que Ignacio contestó: «Hombre, al fin y al cabo, es su hijo».

Años más tarde, en enero de 2013, Guillermo se encontraba trabajando en Düsseldorf, Alemania, desde hacía un año. Ignacio fue a hacerle una visita, pero como Guillermo no podía recogerle hasta pasadas las ocho, para llenar su tiempo en la ciudad, le preguntó qué podía visitar en las dos horas de las que disponía. El intenso frío de enero hacía de las cafeterías el lugar más confortable para la espera. Lo que se presentaba como un plan tranquilo se convirtió en una aventura. Ignacio se confundió de sentido al coger el tren en el aeropuerto y al darse cuenta de su error, bajó, cambió de andén y cogió otro tren con la dirección correcta esta vez, pero los revisores le dijeron que sus billetes originales no eran válidos para este nuevo trayecto. Por segunda vez bajó de un tren, tras pagar una multa, y compró el billete que le llevaría a su destino. El tiempo perdido en toda esta peripecia, debido a que la frecuencia de paso de los trenes fue aumentando a medida que se hacía más tarde, le hizo llegar tarde a su cita con Guillermo, quien le esperaba preocupado en la estación. Aquel fue el preludio de un lluvioso fin de semana.

Pero la lluvia no les arredró porque durante aquellos días visitaron museos, comieron en lugares típicos de la ciudad y en algún restaurante japonés, pues estos eran no solo comunes, sino abundantes debido al asentamiento de una notable comunidad japonesa a partir de la Segunda Guerra Mundial. Visitaron el casco antiguo de la ciudad y también tuvieron tiempo para estar en casa de Guillermo, donde vieron películas, como *Primos*, especial para ambos, pues se rodó en Comillas, e Ignacio, que conocía todos los detalles de la grabación, fue poniendo al día a su amigo sobre aquella cinta.

Así seguía fortaleciéndose aquella amistad unida por el surf que les hizo vivir una única vida, juntos, aunque físicamente no se encontraran en el mismo lugar. Llegaron a conocerse muy bien; sabían lo que le gustaba al otro y en qué cosas eran más afines, lo que los llevó a granjearse una complicidad firme. No discutían por pequeños detalles y cuando las cosas se ponían más serias, eran capaces de estallar, hablar, comprender y perdonar.

En ocasiones, uno echa cuentas en la vida y los años solo suman o restan. Volvemos nuestra cabeza atrás y allí está todo lo vivido y, en el caso de Guillermo e Ignacio, lo que veían provocaba en su interior un sentimiento de orgullo. Así, en el verano de 2015, desde donde miraban dos adultos mientras se comían un helado a lametazos, solo veían dos niños corriendo por Comillas. Los mismos niños que ahora hablaban de sus trabajos mientras seguían poniendo fuego lento a una amistad que seguía cocinando.

Su mar

Ignacio siempre se movió en ambientes diversos porque disfrutaba de cualquier plan que se trazara. La playa, sin duda, era uno de sus favoritos. ¡Cuántas veces recorrió la playa de Gerra, situada entre Comillas y San Vicente de la Barquera, junto a Juan Mazarredo y su inseparable Guillermo! Y como buenos nadadores que eran, les gustaba recorrer la distancia que separaba el puerto de la playa con Ignacio a la cabeza. Allí, en el mar, sustituía su *skate*, más terrestre, por la tabla de surf, que estuvo eternamente unida a Comillas y sobre la que pasaba horas cabalgando olas y olas junto a sus amigos.

También se aficionaron al *bodyboard*, conocido comúnmente como «corcho» y llamado «correolas» por Ignacio. Para ello, abandonaban su tabla de *surf* y la cambiaban por una más pequeña y ligera, como el corcho, con la que se deslizaban por la pared de una ola e inventaban acrobacias. En la playa de Gerra se reunían muchos aficionados debido a las poderosas olas que se formaban. Entre ellos, la pandilla de Ignacio, que pasaba el día entero entre olas, salvo el tiempo que les llevaba calmar los estómagos cuando el hambre rugía en sus tripas, pues no solo de agua vive el hombre.

Con tantas horas de *surf* a sus espaldas, Ignacio acabó conociendo el mar que le mecía. Sabía cuáles eran las zonas en las que arrastraba más y por cuáles era más sencillo entrar; la parafina adecuada que debía llevar la tabla para evitar resbalones; el grosor recomendado en el traje y el modo de actuar ante alguna que otra ola gigante. Todos sus conocimientos los compartía con sus compañeros y ellos confiaban en él. De hecho, Ignacio fue quien asesoró a Guillermo en la compra de su primer traje de *surf* en el Decathlon de Alcobendas. Lo cierto es que Ignacio, gracias a que estaba rellenito, no tenía tanto problema cuando entraba al agua sin traje, pero su amigo, más delgado, sentía el agua tan helada que no podía pasar sin su traje. El tiempo en Comillas solo corría para los padres de Ignacio, que más de una vez, y de dos, le castigaban, volviendo andando a Comillas o en ocasiones, con más suerte, era la familia de Guillermo la que lo acercaba a casa, posiblemente sin el conocimiento de sus padres.

Como una premonición de lo que sería su final, Ignacio protagonizó tiempo atrás un acto de valentía de los que pocas personas podrían presumir. Se encontraba, junto a su amigo Alexis, en la playa de Oyambre, que cuenta con más de dos kilómetros en Cantabria, junto a la desembocadura de la ría de la Rabia. Desde donde se encontraban, vieron cómo un matrimonio, de edad madura y muy asustado, luchaba contra la corriente que le tenía a su merced. Mientras Alexis se fue a por la tabla de *surf* para ayudarles a salir, Ignacio no dudó un solo instante en correr y lanzarse a por ellos para mantenerlos a flote mientras llegaba su amigo, antes de que fueran engullidos trágicamente por el mar. Aquel salvamento marítimo tuvo su recompensa, pues aquella pareja, tremendamente agradecidos por la actitud de los chavales, invitó a ambos a una estupenda cena en San Vicente de la Barquera.

Ignacio también probó con el golf y el buceo. Respecto al primero, su amigo Juan Mazarredo confiesa que no era, precisamente, lo que mejor se le daba. Posiblemente su falta de destreza con los palos fue lo que hizo que no le dedicaran más que unas pocas jornadas, que no llegaron a diez entre Comillas y Madrid. En las épocas que no había oleaje se iba al final de la playa de Gerra con Guillermo a practicar buceo en busca de tesoros imaginarios. Era sencillo identificarles: Guillermo, equipado con su neopreno y su *bodyboard;* Ignacio, a pecho descubierto y sin nada a lo que asirse. Aunque sus planes en la partida, inflados de ánimo, eran siempre llegar hasta el infinito, siempre más allá del horizonte, la verdad es que tan solo una vez llegaron a rebasar el cabo, peinado por una cruz de piedras y palos, ya que el miedo de su amigo aumentaba a medida que se adentraban en el mar. El mismo que un día se llevó la medalla del escapulario de oro de Ignacio. Le acompañó hasta el verano de 2016 y, tras su pérdida, le pidió a su madre una medalla de la Congregación del Sagrado Corazón que le dieron a ella en el colegio donde estudió con Victoria, la madre de «la otra familia». Tenía grabado un Ángel de la guarda y la frase «vamos al cielo», la meta que Ignacio siempre buscó.

Casa de Ignacio: casa de todos

Su predilección por Comillas nunca cambió y quiso que muchos de sus amigos, a los que invitaba a pasar unos días allí, conocieran su «paraíso». Un verano de principios de los 2000, sus amigos Íñigo Mac-Crohon y Asís Sintes disfrutaron de varios días junto a Ignacio y Guillermo. Otro verano también invitó una semana a Juan Mazarredo y a sus amigos de Las Rozas al apartamento que tenía su madre en el Corro de Campíos, uno de los barrios más típicos de Comillas. Todos ellos disfrutaban mucho porque Ignacio conseguía contagiarles la ilusión y la alegría que a él le producía tenerlos allí. Reproducía su ingenio para idear una extensa variedad de actividades con las que disfrutar. Su conocimiento de Comillas y sus alrededores le permitía asombrar a sus amigos con sus iniciativas, como ocurrió con Luis Miquel, otro de los elegidos, cuando fueron a pescar cangrejos. Por supuesto, repitieron sus visitas en cuanto Ignacio se lo proponía, como su amigo Alexis, que pasó semanas enteras en varias ocasiones.

Un agradable paseo por las cloacas de Comillas

Los días malos en Comillas, climatológicamente hablando, no tenían por qué suponer un impedimento en su disfrute. Sencillamente se trataba de mudar de plan: buscar otra manera de divertirse. Cambiaban entonces las olas por los caminos de tierra y deambulaban por las calles de Comillas o bien tomaban el camino de los acantilados que hay en las afueras, cerca del puerto. La marea baja les permitía desafiarla dejándoles al aire un camino, porque saltando por las rocas del rompeolas podían llegar hasta el Parque Natural de Oyambre. La marea solo les imponía una condición para disfrutar de aquel paseo: que volvieran antes de que subiera y cubriera las rocas por las que habían marchado. Fue en una de aquellas excursiones cuando Ignacio descubrió una de las pocas cosas que le restaban por conocer de Comillas. La entrada de una cueva en el camino atrajo la atención de los chicos y la curiosidad hizo el resto. Entraron... y salieron escopetados, pues un fuerte golpe de olor a podrido les mostró uno de los lugares menos pintorescos y bellos de Comillas: el desagüe de las cloacas de Comillas.

«Os vamos a pegar porque nos habéis insultado»

Aquel que estaba con Ignacio nunca sabía lo que podía ocurrir. En el verano de 2014, un día cualquiera de la semana entre el lunes y el viernes, se encontraba dando una vuelta por las calles de Comillas con su amigo Guillermo. Pasaron por la plaza Corro de Campíos, lo que los lugareños suelen decir «ir al Corro». En torno a esta plaza, vigilada desde uno de sus lados por la imponente iglesia, se arremolina la parte más importante de la villa. Allí se pueden encontrar restaurantes, heladerías, churrerías, etc., por lo que se ha ido convirtiendo en el lugar de reunión y punto de encuentro de los vecinos y de los visitantes.

Desde allí, con un helado en la mano, partieron hacia la estatua del Marqués de Comillas, que recuerda al primer marqués del lugar, Antonio López. A Ignacio, que conocía de memoria su historia, le encantaba contársela a la gente una y otra vez, y siempre empezaba diciendo: «Era un indiano…». Se trataba de un personaje muy visitado, pues en la noche, en torno a la estatua, se arremolinaban los jóvenes para hacer algo de historia… del botellón moderno. Aquella tranquila tarde en la que paseaban los dos amigos, mientras mermaban sus helados a la sombra de la estatua, llegaron hasta ellos tres muchachos en actitud amenazante. El más alto portaba un palo en su mano y, como presentación, les dijo: «Os vamos a pegar porque nos habéis insultado». Ignacio y Guillermo se miraron realmente sorprendidos, pero no amedrentados, pues contestaron con calma: «Oye, nosotros no os hemos dicho nada. Largaos». Suficiente para aplacar las ganas de camorra de los otros. Quizá se habían confundido.

Bares y fiestas en Comillas

Ignacio salía de fiesta por Comillas con sus amigos cuando ese era el plan que resultaba ganador entre las propuestas. Él no bebía alcohol, pero este hecho no le privaba de la valentía con las que todos se engallan tras tomarse unas copas. Su valor era real y le daba el arrojo necesario para plantar cara ante los más chulos y arrogantes frente a cualquier injusticia que estuvieran cometiendo, sin importarle a quién le hacían el daño. Más de una vez, su sed justiciera hizo que le pegaran, aunque sabía defenderse.

En estos ambientes, a menudo, coincidía con primos más pequeños que, con sus quince y dieciséis años, se andaban ganando salir sin tantas restricciones en casa. Ignacio, desde la distancia, sin perder ojo, estaba pendiente de todos ellos. En ocasiones, como aquella vez que su prima Cristina bebió más de la cuenta, abandonaba a sus amigos para estar donde debía estar: ayudando a quien lo necesitaba.

Noches por Madrid

Desde el último curso del instituto, Ignacio comenzó a salir por las noches a las fiestas que se organizaban en

Las Rozas. Para él, ir de fiesta no debía convertirle en la persona que no era. En un ambiente en el que la bebida y los ligues eran comunes, Ignacio se mostraba firme en sus convicciones sobre la diversión. Gustaba de salir fuera de los garitos para hablar con la gente. No solía bailar mucho ya que no era el baile una de sus mayores habilidades, pero se divertía haciéndolo, independientemente de lo que los demás opinaran de su manera de moverse. Momento memorable en su futura carrera como bailarín fue su debut, con quince años, cuando, de viaje con su colegio a Francia y en una fiestecilla que montaron los alumnos, Ignacio pidió su canción favorita de The Cure, *Boys don't cry*, y, aunque con escasa coordinación, pero una gran sensación de liberación, lo dio todo en la pista. En su época universitaria frecuentaba junto a su amigo Juan Gabriel la Universidad Complutense de Madrid, punto neurálgico por excelencia de fiestas universitarias y, todos los años, en las fiestas de Las Rozas echaba una mano en la barra a Alexis, quien junto con sus amigos montaban un chiringuito.

Ya cercano a la treintena, solía visitar con sus amigos los sitios más de moda de Madrid, especialmente el Gatsby, y las fiestas de municipios próximos, como Majadahonda. De vez en cuando le gustaba darse un baño de nostalgia en los bares de la zona de la Ciudad Universitaria o sencillamente ir a cenar al VIPS, después de aparcar, no sin dificultad, su furgoneta Serena blanca, que tantos trayectos hizo con sus amigos montados en la parte trasera sin ir a ninguna parte. Lo importante era estar juntos.

En noviembre de 2010, con treinta y dos años, quedó con sus amigos para celebrar Halloween. Se presentaron disfrazados de mendigos *zombies*, lo que hizo que Ignacio torciera el gesto, pues no le parecía apropiado ni ético, y los acompañó sin disfraz. Lo cierto es que, por sus creencias religiosas, no le gustaba celebrar esta fiesta. Pero como ya sabemos que Ignacio sabía buscar siempre el lado positivo, la noche resultó para todos divertida. Y todo porque Ignacio anteponía la amistad al ambiente, especialmente en aquellos en los que no se encontraba cómodo.

Vocación al matrimonio

«Es que yo soy muy tímido y a mí me cuesta mucho entablar una conversación con una mujer», les decía a sus amigos cuando hablaban de chicas. En su época universitaria, sus amigos se afanaban para que Ignacio conociera a alguna chica presentándole amigas de la facultad. Pero siempre volvía de vacío conduciendo su furgoneta, pues era el que llevaba a casa a todos por ser el único sobrio del grupo. Con el paso de los años probó con nuevas tácticas, como un vestuario más llamativo. Se unió a la moda de las camisas de cuello *Mao* y a las estampadas de colores, incorporando incluso dibujos de ratas. Esto chocaba a sus primos menores y uno de ellos, Carlos, doce años más pequeño, un buen día le preguntó el porqué de aquellas camisas tan llamativas, a lo que Ignacio contestó: «Así me preguntan las chicas: ¿Dónde te has comprado esa camisa?».

Pero cuando Ignacio andaba entre los dieciocho y los diecinueve, sí existió una chica por la que mostró interés: Paz. Amigos desde niños, pasaron mucho tiempo juntos en Comillas y, especialmente, los unía su común afición al *surf*. Por una vez, dejando la vergüenza a un lado, Ignacio le confesó sus sentimientos, pero Paz le contestó con la última frase que desearía escuchar cualquier persona en ese momento: «Ignacio, quiero que sigamos siendo amigos, pero nada más». Aquello le provocó gran sufrimiento, quien no acabó de aceptar aquella decisión de Paz y paulatinamente fueron perdiendo el contacto tan cercano. Apenas un mes después de la muerte de Ignacio, su antigua amiga entregó su vida a Dios en la orden de la madre Teresa de Calcuta.

Años más tarde, siendo ya un veinteañero, confesó a su padre, después de una estancia en el extranjero, que se había relacionado con un grupo de personas que le había hecho sentirse muy cómodo, aun estando lejos de casa. En ese grupo había una mujer que se interesó por él especialmente. Cuando su padre le preguntó qué había sido de ella, le vino a decir: «Me gustaba mucho físicamente, pero me pareció que la forma de aproximación no era la correcta y yo no estoy dispuesto a establecer una relación saltándome pasos. Una relación no puede empezar con sexo antes de establecer una verdadera relación amorosa».

Tiempo después de estas experiencias apareció otra mujer en su vida. Ignacio siempre vivió teniendo claras las reglas con las que jugaba y su unión con una mujer pasaba, exclusivamente, por el sacramento del matrimonio. Le gustaba mucho y ella veía en él una persona buena. La joven pasaba entonces por unos años complicados y, aunque Ignacio era fiel a sus convicciones, no le preocupaba ni importaba la vida que hubiera llevado anteriormente. Solo quería cuidarla y quererla bien. Nunca conoceremos el final de esta historia, pues la prematura muerte de Ignacio segó sus planes de futuro.

Ignacio era consciente y estaba convencido de la primordial importancia que tenía el matrimonio. Cuando se casó su amigo Juan Mazarredo, orgulloso de él, le reconoció la grandeza de lo que había llevado a cabo. De hecho, a menudo, en Comillas, iba a misa con su tía Rosario, «tía Ro», y en una de aquellas conversaciones que mantenían camino de la iglesia le dijo a su tía: «Si un día tengo novia, me gustaría que fuera religiosa y practicante como yo. Para mí sería muy importante compartir estas creencias». Tenía la certeza de que el matrimonio era el camino que Dios quería para él y, además, sabía de qué forma quería vivirlo. Así ocurrió que, una vez, una mujer intentó ligar con él, desconociendo los parámetros en los que Ignacio se movía con respecto a las relaciones afectuosas. Más adelante contaba que aquella chica quería acostarse con él y en las noches en las que ella había bebido un poco más de la cuenta decía: «Bueno, hoy es el día que me acuesto con Ignacio». Y aunque a Ignacio le gustaba aquella chica, cuando su padre le preguntó si había tenido relaciones con ella, él automáticamente respondió: «Por supuesto que no. Yo no me puedo acostar con una mujer por las buenas, aunque me guste, esa no es la forma de empezar una relación». Siempre se mantuvo fiel a sus principios porque, para él, «las cosas no eran así».

Convicciones fuertes

Ignacio no juzgaba conductas ajenas más de la cuenta, ni tampoco las historias que conocía, pero era muy respetuoso y vigilante con la conducta y la moral. En los límites de su vivencia era muy estricto, pero de una forma muy natural. El prójimo era cualquiera. No importaba su condición social, sus circunstancias, pero al tiempo no toleraba los malos actos y, en ocasiones, tomó decisiones tajantes que no fueron fáciles y que no más de uno estaríamos dispuestos a aceptar. Estas determinaciones le llevaron a distanciarse de grupos de amigos, en los que alguno de ellos había realizado pintadas en la iglesia de Villanueva del Pardillo. ¡Con lo que él valoraba la amistad! Y nunca les ocultó por qué se apartó de ellos. Cuando le preguntaban, contestaba invariablemente: «Vosotros sabéis por qué no voy». Pasó el tiempo y aquel grupo se desgajó e Ignacio siguió quedando con aquellos que no participaron en el acto vandálico contra la iglesia.

Ignacio carecía de flexibilidad, de cintura para esquivar situaciones que otros sí podían tolerar. Tenía una peculiar forma de ser. Podría pensarse que nunca dejó de ser niño. Cuando jugaba con ellos, era uno más. Y cuando tenía que quejarse por algo, incapaz de morderse la lengua, lo hacía sin dobleces y sin maldad, tal como lo haría un niño. Ignacio decía lo que le pasaba por la cabeza en cada momento, sin temor a ser políticamente incorrecto, porque no le importaba. Era más corazón que cabeza.

En una ocasión se mantenía una conversación familiar sobre el aborto. Una prima de Ignacio defendía la libertad de la mujer y aceptaba algunos casos en los que tiene el derecho de decidir sobre su cuerpo. Ignacio se mostraba completamente en desacuerdo y rebatía los argumentos de su prima escandalizado, mostrando su disconformidad con aspavientos con los brazos, quitándole la razón. Guillermo, más familia que amigo, que también se encontraba presente, para quitar hierro al asunto, aplacar los ánimos e, intencionadamente, para picar a su amigo, le vacilaba diciendo: «Bueno, bueno... Ignacio, si eso lo dice tu prima, alguna culpa tendrás tú porque eso es cosa de tu familia».

Algo que validaba especialmente sus opiniones es que, cuando las daba, exponía ideas; no caía en la tentación de partir de sus experiencias o conocimientos especiales para tener más autoridad. Simplemente buscaba la mejor forma de argumentar para defender sus puntos de vista.

Un niño más

La vitalidad de su espíritu le hacía parecer más joven de lo que era. Quizá por eso, aunque aparentemente pudiera verse más mayor que algunos amigos, en cuanto estaba con ellos era uno más.

A la edad de treinta y ocho años, un día jugaba un partido de fútbol con niños. Vio que uno de ellos, de tres años, que Ignacio no conocía, no se integraba en el juego, no le pasaban el balón. Fue hacia él, lo cogió y lo llevó por los aires con él para que jugara siguiendo el balón y para que lo pudiera golpear. Los niños le querían mucho y estaban siempre encima de él. Aquel niño no olvidó a Ignacio. Días después, cuando se encontraron por la calle, fue corriendo hacia Ignacio para darle un beso.

En la última celebración de su santo, su madre le preparó una fiesta en casa, en la que se pasó toda la tarde jugando con los niños, en lugar de con los adultos. La banda sonora de la fiesta fueron las carcajadas de los pequeños provocadas por Ignacio.

Tercera parte

ADULTEZ

Se acabó la universidad

El final de los estudios universitarios abrió una nueva etapa en la vida de Ignacio. Traje y corbata empezaron a ser su indumentaria común, y aunque cada elemento por separado se mostraba impecable, al formar el conjunto todo parecía estar descolocado. Nunca nadie vio a Ignacio con el cuello de la camisa abrochado.

La dificultad de encontrar trabajo no entraba en sus cálculos. Tras los primeros intentos infructuosos, decidió hacer de pasante en el despacho de su madre durante una temporada. Fue allí donde descubrió la existencia de las becas Leonardo, que se cursaban en el extranjero y estaban dirigidas a personas ya graduadas, como él. Solicitada y concedida: Ignacio pone rumbo a Alemania. Concretamente a un bufete de abogados en Núremberg, donde pasó un semestre. Todo así de sencillo. Pero más de uno andará preguntándose cómo consiguió aquella beca y qué hacía en Alemania sin saber alemán. Con el ímpetu de Ignacio ante todo en la vida, como ya hemos visto en su infancia y su juventud, tuvo sitio para estudiar este idioma durante dos años en la Escuela Oficial de Idiomas, lo que le proporcionó un nivel bajo, pero suficiente en este caso, pues fue el único candidato a la beca que estaba en posesión de esos mínimos conocimientos.

La experiencia germánica fue positiva, pues le permitió poner en práctica sus estudios universitarios. Fue una época de rápido aprendizaje y también de soledad. Todo lo que le rodeaba era tan distinto a España: el clima, las costumbres, los hábitos... A pesar del buen ambiente de trabajo, carecía de amigos, por lo que empleaba su tiempo en perfeccionar su alemán y en el manejo del monopatín. También realizaba labores de documentación para el bufete y auxiliaba a los abogados en los juicios. Su casa, incluida en la beca concedida, era un estudio sin lujos, pero suficiente para él solo, en el que compartía el baño con más personas.

Aquella experiencia teutona le proporcionó fuerza y ganas para encontrar trabajo en España. Así, a su regreso en 2004, se presentó a una beca de comercio exterior de la Comunidad de Madrid, con un claro objetivo de formación en su rama. Aun siendo tan joven, Ignacio mostró el mejor currículum, pero hizo la peor entrevista de todos los candidatos admitidos. Todo pintaba difícil, pues la persona que hacía las entrevistas era la que emitía el informe final tras pasar por un comité evaluador. Allí fue donde, a pesar de su mala sesión, se tuvo en mayor estima la formación que atesoraba Ignacio, recién llegado de Núremberg, y no estaban dispuestos a desperdiciarla. Así consiguió una segunda beca que, de nuevo, le llevaría a París, pues era titulado de francés.

Los primeros trabajos en su nuevo destino fueron menores, de carácter subalterno, pero Ignacio no estaba dispuesto a malgastar su tiempo en estas labores y les dijo: «Yo no he venido aquí a hacer fotocopias. Dadme trabajo de verdad. He venido aquí a formarme. Vosotros tenéis un concierto con la Comunidad de Madrid y tenéis la obligación de meterme a un programa de formación». Trasladó esta situación a sus contactos en la Comunidad de Madrid, quienes abordaron el asunto y encontraron una solución enviándole a Bruselas con un cometido específico que fue el de elaborar un estudio del mercado para empresas automovilísticas españolas.

El cambio fue abismal, no solo en el plano laboral, sino también en el personal, pues conoció a una mujer, con la que tenía un amigo común, que le ayudó mucho a introducirle en el ambiente de la ciudad y en el modo de vida. Poco a poco se granjeó la amistad de un grupo de amigos con los que salía y, si a esto le sumamos el hecho de que no tuviera preocupaciones económicas, hicieron de aquella estancia belga un periodo feliz. En aquel tiempo, su hermana Isabel se encontraba de Erasmus en Perpiñán (Francia) por lo que le resultó más fácil visitarlo junto con sus amigas. Ignacio, gracias a sus amistades, conocía el ambiente de la ciudad lo suficiente para llevarlas de fiesta a los lugares que él frecuentaba, hasta acabar en una discoteca en la que Ignacio y sus amigos solían deleitar al personal con divertidas coreografías. Se encontraba tan a gusto e integrado que hasta se atrevió a volver a probar con el fútbol, aunque ya sabemos que nunca se le dio bien. La verdadera razón de este nuevo intento de aficionarse al mundo del balón no hay que buscarla en el juego, sino en las cervezas que se iban a tomar después de jugar. Se sentía tan integrado en la ciudad, que en muchas ocasiones su tiempo fuera del trabajo lo empleaba en buscar nuevos lugares por el centro, por las afueras… A este entorno feliz contribuía, sin ninguna duda, la satisfacción que encontraba en su trabajo, tanto por su cometido, como por sus compañeros. Es el caso de Juan Ederra, con quien trabajaba mesa con mesa y con el que hizo muy buenas migas.

A pesar de contemplar este despliegue social de Ignacio, nunca desapareció su timidez innata. Los compañeros se sorprendían por la timidez y ternura con las que se dirigía a ellos, que contrastaba con la falta de temor y la decisión con las que se dirigía Ignacio a sus superiores, ignorando el riesgo que sus palabras pudieran acarrear para él.

En aquel periodo de su vida ocurrió un hecho curioso que demuestra la generosidad de Ignacio. Su hermana Ana tenía una muy buena amiga: María Díaz Ley. Se conocieron en el colegio a la edad de siete años y, en la actualidad, mantienen una gran relación. María tenía un novio en el tiempo en el que Ignacio trabajaba en Bruselas y, en un determinado momento, viajó a la ciudad belga. María llamó a Ana para advertirle de ese viaje, pues su novio no conocía la ciudad y pensó que quizá Ignacio podía hacerle compañía. Ana llamó a su hermano y, a pesar de que no lo conocía de nada, lo acogió en su casa los tres días que pasó en Bruselas con la mayor naturalidad del mundo, como el mismo invitado comentó más tarde.

Pero todo tiene un final, y la idílica estancia en Bruselas no iba a ser menos. Cumplido el tiempo de la beca, Ignacio regresó a España y comenzó a trabajar en una gestoría ocupándose de trabajos administrativos. Formaba parte de un equipo de cinco personas, entre las que se encontraba una chica que pronto mostró un interés especial por él. Aquel interés no era recíproco, por lo que la compañera optó por crear mal ambiente hacia Ignacio. Comenzó a decir que olía mal, que destilaba aires de grandeza, presumiendo de titulación. Todo ello afectó a nuestro protagonista, quien comenzó a cuidar mucho más su higiene, abusando del desodorante, manía que le quedó de por vida, y a regarse de colonia. A pesar de esta constante lucha que mantuvo contra las habladurías sobre su limpieza, se mantuvo en la gestoría hasta que, con ocasión de la campaña de la renta, fue contratado por la Agencia Tributaria para solucionar dudas telefónicamente en la cumplimentación de la declaración de la renta anual. Para atender este trabajo, recibió unos cursillos previos de formación, que le enriquecieron enormemente, pues tuvo que compartir su trabajo con personas de muy diversos ámbitos, de estudios variados y con aspiraciones muy diferentes.

Cuando pasaron los meses de la campaña de la renta de aquel año, fue contratado por una agencia de venta de viviendas en Galapagar. Uno de sus cometidos en aquel nuevo empleo era buzonear la publicidad. Así dicho, parece fácil. La cuestión se complica porque las zonas que Ignacio tenía asignadas estaban sembradas de chalets en los que, en ocasiones, el recibimiento corría a cargo de un perro. Teniendo en cuenta la fobia de Ignacio a estos animales, podemos imaginar su cautela aproximándose a las cercas, ineficaz la mayoría de las veces, pues acababa llevándose el susto del primer ladrido de bienvenida.

El siguiente trabajo de Ignacio se desarrolló en el banco ABN Amro a través de una beca. De ese pasó al banco francés Natixis como *outsourcing*. Allí tuvo sus más y sus menos con la jefa de la asesoría jurídica, por disparidad de criterios en cuanto a los procedimientos utilizados, y fue trasladado al departamento de auditoría interna, donde entró en contacto con los asuntos de cumplimiento normativo y blanqueo de capitales. Fue aquí y entonces cuando se despertó su interés por lo que fue su pasión en el ámbito laboral desde ese momento hasta sus últimos días en Londres.

Pasado un tiempo, el Banco Popular le propuso un contrato eventual como *outsourcing* que Ignacio aceptó. Allí se encargó de la negociación de contratos para otros países como Marruecos y Argelia, a los que viajó para poner en práctica sus conocimientos técnicos y de idiomas. Pasado el año de su desembarco en el Popular, pasó a estar contratado por el propio banco como personal eventual. Un año después quisieron hacerle fijo, pero la solicitud de sus superiores topó con el departamento de Recursos Humanos, quienes, con el pretexto de la timidez de Ignacio, consideraron que no era compatible con trabajos que difícilmente asumiría y, por lo tanto, desaconsejaron que continuara en el banco.

Aquel despido resultó especialmente amargo para Ignacio. Su siguiente experiencia laboral debería haber sido en el banco Barclays donde se le citó para una entrevista gracias a la referencia que Rafael Duarte, trabajador, entonces, del Banco Popular, dio sobre su persona. Debía haber sido recibido por el director, quien no reparó mucho en la referencia del invitado, o más bien nada, pues olvidó la entrevista de manera que Ignacio salió igual que entró.

En su infatigable busca llegó al Aresbank, banco en el que ya participó en un proceso de selección el año anterior, gracias al cual lo mantenían en un listado de candidatos. Con motivo de la concesión de una beca, allí realizó labores de información de operaciones durante el tiempo que duró su contrato, momento en el que continuó su peregrinaje, que en esta ocasión le llevó al banco francés Natixis. Sin ninguna duda, las experiencias acumuladas de rescisiones de contratos en sus anteriores trabajos minaban el entusiasmo con el que Ignacio acometía cada nuevo trabajo. Aun así, se empleaba a fondo en su labor, pues no concebía su trabajo de otra manera que no fuera hacer las cosas bien hechas. En el Natixis resultaron muy valiosos sus conocimientos de francés e inglés para trabajar en la asesoría jurídica. Curiosamente, aunque Ignacio no compartía el modo, algo arbitrario y carente de seriedad, de trabajar de su director, el jefe de la auditoría jurídica solicitó al departamento de Recursos Humanos que mantuvieran a Ignacio para trabajar a su lado, lo que hizo durante un tiempo prolongando que le permitiría aprender y ampliar sus conocimientos sobre la profesión. Evidentemente, la confianza que depositaron en él le ayudó a fortalecer su seguridad en el plano profesional, especialmente en la toma de decisiones. La madurez que había acumulado en las distintas experiencias anteriores, a pesar de la bonanza que vivía en ese momento, le hacía consciente de que su situación continuaba siendo inestable y que, consecuentemente, habría que estar alerta por si surgían nuevas oportunidades laborales.

Así, su siguiente destino fue, de nuevo, el Banco Popular, donde trabajaba Rafael Duarte, quien le recomendó en su día para el Barclays, en aquella entrevista que nunca ocurrió por el olvido del director. Después de un tiempo a las órdenes de Rafael, y tras su marcha, continuó en la zona comercial, en la que se mostraba contento. Sus directores le firmaron un contrato temporal con el banco durante un año, tiempo en el que a través de la delegación comercial en la que trabajaba visitó clientes e intentó captar nuevos socios en lugares como Túnez, Argelia y Marruecos. Ni qué decir tiene el enriquecimiento que experimentó Ignacio durante esta época, tanto en su relación con los propios profesionales del banco como en lo que aprendió de su trato con otros países. Podríamos decir que ya entonces había desarrollado las habilidades profesionales necesarias y útiles para las empresas en las que trabajara.

La timidez, una vez más, dio al traste con la continuidad de Ignacio en el Popular. El banco quiso hacerle fijo en su plantilla, pero los psicólogos que realizaron las pruebas pertinentes dictaminaron que era una persona cuya timidez dificultaría desempeñar su trabajo de una manera plena. A pesar del intento de la Dirección Comercial de revocar la decisión de prescindir de Ignacio, pues ellos sabían de su valía y la calidad de su trabajo, se impuso la medida adoptada por Recursos Humanos y prescindieron de sus servicios, siendo despedido de nuevo.

No sería aquella la última vez que su maldita timidez le jugaría una mala pasada. Tras su reciente estancia en el Banco Popular, aún en paro, disfrutaba de su mes de agosto en Comillas, cuando recibió la oferta de una sustitución por maternidad. El puesto se encontraba en la Feria de Muestras Juan Carlos I y el viaje lo hizo junto a su padre, quien le esperaba mientras Ignacio iba a presentarse a la oficina para interesarse por el puesto que le habían ofrecido. Joaquín le vio venir hacia él con cara descompuesta y el gesto cariacontecido de aquel a quien nada bueno habían dicho. Su padre imaginó que no le habían dado el trabajo, pero lo que nunca pensó es lo que le contó Ignacio: «Llegué. Digo a lo que voy. Y me contestan: "Es en esa oficina".

Abro la puerta de la oficina y me dicen: "¿Quién eres?", respondo: "Soy Ignacio Echeverría", y no me dio tiempo a acabar de decir mi nombre cuando me suelta: "Márchate, que eres muy tímido y no nos vales"». Ellos disponían de su currículum en el que podían haber visto que trabajó en el Banco Popular, en el que pedirían referencias, y desde donde les aportarían una información negativa sobre él haciendo hincapié en su timidez.

El tiempo pasaba e Ignacio no encontraba trabajo, por lo que comenzó a tomar fuerza la posibilidad de salir de España e intentarlo en el extranjero. El dominio de los distintos idiomas aprendidos en su juventud le permitía poder plantearse esta opción, no al alcance de cualquiera. Tomada la decisión, eligió el destino: Londres. Quizá esta preferencia estuvo en parte condicionada porque allí vivía su hermana Isabel. De esta manera, aunque resultara duro dejar la familia en Madrid, al menos tendría el consuelo de contar con la cercanía de su hermana. Aterrizó en su casa londinense desde donde comenzó a enviar currículum e ir a procesos de selección. Sin embargo, su momento en Londres aún no había llegado.

Durante el tiempo que estuvo en el Banco Popular, llegó a entrar en un proceso de selección en un banco árabe en el que no obtuvo el puesto de trabajo. Pero para su sorpresa, mientras seguía buscando empleo, y tras ser rechazado en el Banco Popular, le contactaron desde este banco, que opera principalmente con países del norte de África y del próximo Oriente para ofrecerle una plaza. Querían que formara parte de su asesoría jurídica en la sede de Madrid, por lo que hizo de nuevo las maletas y regresó a la península.

Encontró un magnífico ambiente y mantenía una buena relación con el director de la asesoría y con el responsable del control interno del banco. Llegó en un momento en el que la guerra de Libia, con intereses fuertes en el banco, hacía complicada la situación. Ignacio se dedicaba a informar de las operaciones con riesgo en el plano legal. Un trabajo de asesoramiento especialmente delicado y complicado, pues sus informes servían para aprobar o frenar una operación. Esto significaba que el resultado de los informes elaborados por el departamento al que pertenecía Ignacio alertaba de operaciones que el banco podía hacer, pero que en ocasiones se encontraban en el límite del delito y bajo ningún concepto podían permitirse quedar excluidos del mercado. Especialmente, cuando en este conflicto de intereses surgido de la guerra participaban los Estados Unidos.

Las constantes negativas a dar vía libre a operaciones peligrosas le costaron el cargo al director jurídico, que era quien defendía los informes emitidos de su departamento. Le correspondió entonces a Ignacio asistir a los consejos de dirección, ya sin superior que defendiera sus informes. Le pedían que accediese a autorizar ciertas operaciones e Ignacio no tuvo otra opción que seguir en la línea del cesado director jurídico, pues su trabajo trataba de evitar peligros al banco y a su personal. Ante sus reticencias y negativas recibió mensajes amenazantes sobre su continuidad en el banco: «Esto puede repercutir en tu continuidad en el puesto», a lo que Ignacio contestó que seguramente sí, pero que la cosa era muy sencilla, «tú eres el director, dale paso a lo que quieras». Fue un periodo intenso a la par que apasionante.

El aumento de su responsabilidad en esta nueva etapa le hizo involucrarse aún más en lo que hacía y aprender para poder aportar más. Solía acudir a todas aquellas jornadas que se organizaban sobre temas de su competencia y leía todos los artículos relacionados con ello y temas similares que podían ser de su ayuda. En una ocasión, los organizadores de un congreso internacional sobre blanqueo de capitales, celebrado en Madrid, le pidieron que llevara ese trabajo a uno de mayor relieve organizado en Londres y, ante la negativa de su banco de hacerse cargo de los gastos de viaje, fue el propio congreso el que corrió con ellos. Ignacio aprovechó la casa de su hermana Isabel para su estancia en la ciudad, lo que le permitió compartir tiempo juntos.

Esta experiencia de presentar trabajos en congresos y de ser requerido por la organización para llevar ese mismo trabajo a un congreso superior a Londres se repitió otra vez en el corto tiempo que Ignacio trabajó para ese banco árabe.

Tampoco aquel, a pesar de la intensidad de lo vivido, sería el último destino de Ignacio. Sería de nuevo despedido, aunque magníficamente indemnizado, atendiendo a sus derechos. Fue un tiempo en el que Ignacio estuvo muy feliz y que le sirvió para *recargar las pilas* para el tiempo que vino después hasta que volvió a encontrar un trabajo.

Su parroquia en Las Rozas y su espiritualidad

Además del plano profesional, una de las partes fundamentales de la existencia de Ignacio, que nos ayudará a comprenderle mejor, fue la de la fe. La cultivó a lo largo de su vida y tenía claro que era suya y que no dependía de nadie más. No le importaba si otra persona de su familia iba a misa o no, para que él lo hiciera. Y así se lo quiso inculcar a su sobrino Quique, el hijo de Enrique. Cuando ya estaba en edad de comenzar la catequesis para preparar su primera comunión, sus padres fueron a informarse a la parroquia del Espíritu Santo: un periodo de tres años de formación y asistencia a las eucaristías de los domingos. Ignacio, que por aquel entonces estaba en España, asumió el papel de inculcarle la fe y se responsabilizó de llevar a su sobrino a la iglesia. De esta manera, con el paso del tiempo y con la llegada de más sobrinos, el plan de los domingos se convirtió en una relación entre los sobrinos y su tío. El tío más feliz del mundo. Dejaba a Quique en catequesis y él asistía a misa con los hermanos pequeños de aquel. Al terminar la misa tocaba paseo por el campo, plan al que más tarde se sumaría Ana, la madre de Ignacio. Un buen día, Ignacio tuvo que irse a Inglaterra, y para suplir su ausencia en los planes dominicales, sus padres, Joaquín y Ana, tomaron su relevo e iban con sus nietos a misa. Momento especial entre nietos y abuelos. Ya no hacía falta llevar a Quique a catequesis a la parroquia, pues en su nuevo colegio la impartían y allí recibió su primera comunión.

Para transmitir la fe a sus sobrinos, él mismo, cuando era pequeño, también la recibió. Además de la labor de sus padres, hubo una figura en su familia que jugó un papel importante en ello: su tío abuelo Antonio Hornedo, uno de los hermanos pequeños de la madre de Ana. Como hemos mencionado en la segunda parte, Antonio nació en Comillas en 1915 y llegado un momento sintió una llamada al sacerdocio, concretada en la espiritualidad jesuítica. Pasados unos años se marchó como misionero a Perú, concretamente a la selva, donde finalmente terminó siendo obispo en la diócesis de Jaén. Finalmente, murió en Lima en 2006, ya que no quiso volver a España por la vejez. Para Ignacio era un orgullo tener un familiar misionero y una fuente de inspiración. Siempre le consideró una gran persona.

Ignacio llevaba una vida consecuente con su fe. Asistía a misa todos los domingos, ya fuera solo o acompañado. Sabía que esa era su prioridad, independientemente de donde se encontrase, si en España o fuera de ella. Más de una vez en Londres, estando reunido con sus amigos, les dejaba porque tenía que ir a misa. No le preocupaba lo que pudieran pensar o decir, pues, especialmente, en el ambiente *skater* en el que se movía no se entendía la importancia de su fe. En una ocasión, cuando se fue de viaje a Biarritz (Francia) con sus amigos para hacer surf, se acostaban tarde porque salían de fiesta por la noche, pero Ignacio se ponía el despertador para ir a misa a la mañana siguiente. En un primer momento se metían con él, pero les decía: «Yo la misa no la dejo». Lo cierto es que, finalmente, entre sorprendidos y extrañados, sus amigos comprendieron que la Iglesia era su casa y respetaban el compromiso que mantenía con ella, tanto espiritual como económicamente, pues aportaba un donativo anual, además de las colectas de las misas, para colaborar en sus necesidades y actividades.

Los aconteceres en relación con la fe de Ignacio son abundantes. Una vez, en la boda de un primo en La Coruña llamó la atención de uno de los asistentes, que no le conocía, por su devoción y la serenidad con la que se mostró en la ceremonia y cómo, posteriormente, pasó el mayor tiempo de la celebración jugando con los niños, entre los que se encontraba cómodo y feliz.

Él siempre intentaba ser mejor. Perfeccionarse a través de la fe. Intentar ser bueno, valorando a los demás y sin juzgar las conductas que no entendía. La cruz era parte de su vida de fe y una de las cruces que llevaba a su espalda eran las numerosas discusiones que mantenía con su padre sobre la Iglesia católica. Pero, como era consciente de la buena intención de su padre cuando hablaba de sus convicciones, aunque no era sencillo, se mantuvo fuerte en sus creencias y las defendió como él sabía. De esta manera, a pesar del choque de pareceres entre padre e hijo, consiguió encauzar sus disparidades de la mejor manera posible para ambos.

Digamos que la relación de Joaquín con la Iglesia era compleja. Sirva el ejemplo que nos brinda el momento del bautizo de su hijo Enrique, cuando el sacerdote le dice que ha de visitar su casa y conocerlos para ver si aquel hogar es adecuado para la educación cristiana del niño. Joaquín, no dispuesto a pasar por ello, renuncia al bautismo de su hijo y lo pospone para un futuro indefinido. Ana, por su parte, lejos de enfrentarse con la Iglesia, buscó una parroquia en la que un pariente lejano bautizó a Enrique.

El rechazo de Joaquín hacia la Iglesia venía de lejos. Aunque asistía a misa, en ocasiones no se comportaba de manera respetuosa con los sacerdotes, como ejemplo de ello, a la edad de veintitrés años, en plena homilía se levantó diciéndole al sacerdote: «Oiga, usted no tiene vergüenza, ¿de qué habla?». Y es que Joaquín solía identificar a la Iglesia con una persona específica que en algún momento había hecho algo mal para él, concretamente la incomprensión con la jerarquía de la Iglesia de las provincias vascongadas, e Ignacio siempre le argumentaba: «Una cosa es este obispo y otra cosa es la Iglesia, y los estás mezclando». Ignacio no transigía en esas cosas.

Acción Católica

Los padres de Ignacio quisieron educarle en la fe católica desde pequeño. Fue a catequesis para preparar su primera comunión y más tarde se preparó para recibir el sacramento de la confirmación. Desde entonces no formó parte de ningún grupo de fe hasta que detectó de forma clara que su vocación era el matrimonio. Fue entonces cuando quiso poner en práctica aquello que le dijo a su tía Rosario en la puerta de la iglesia una vez: «Si un día tengo novia, me gustaría que fuera religiosa y practicante como yo, para mí sería muy importante compartir estas creencias». Decidió acudir a Acción Católica en la parroquia de San Miguel de Las Rozas, que es un grupo de laicos cuyo apostolado es llevar el evangelio a todas las personas y ayudarlas a vivir su vida a la luz de la Palabra de Dios.

Ignacio asumió que allí encontraría un ambiente en el que habría mujeres que vivían la fe y que entendían la vida de la misma manera que lo hacía él. Sin embargo, para su sorpresa, la gente con la que se encontró en este grupo era bastante más mayor, en su mayoría, gente jubilada. A pesar de no encontrar lo que quería, siguió acudiendo y colaborando con ellos con gran motivación y sin prejuicios. Mantuvo su compromiso desde el primer día hasta que se fue a Londres. No faltaba ni un lunes.

El funcionamiento del grupo consistía en hacer una revisión de vida constante que requería de una preparación previa de los temas concretos que se iban a tratar en la sesión, leyendo la Palabra de Dios y el Magisterio de la Iglesia. Para Ignacio todo este mundo era nuevo, pero se aplicó a ello con toda sencillez y esto le llevó a enriquecerse con nuevos conocimientos que partían de textos que no conocía, como, por ejemplo, los documentos del Magisterio de la Iglesia. Le gustaba trabajarlo bien y llevaba apuntes escritos sobre el tema. Participaba de forma activa en las reuniones; de hecho, era frecuente que expusiera sus dudas y extrañezas, siempre con su timidez presente, pero sin ningún tipo de miedo, con la simplicidad de un niño.

Aunque los domingos solía ir a misa en la parroquia del Espíritu Santo, para llevar a sus sobrinos, a menudo se pasaba por la parroquia de San Miguel para hablar con el padre Daniel, que es quien llevaba el grupo de Acción Católica junto con María José de la Esperanza desde 2013. Con esta última, en ocasiones iba a misa los lunes al acabar el grupo.

Amigos

La afición al *skate* pervivió compaginándola con su actividad laboral. No era extraño verle subido en la tabla con un traje y corbata al regresar del trabajo. Una vez más, ajeno a comentarios, pues no era un atuendo común para practicar con el monopatín. Su amigo Antonio Alonso lo conoció patinando en la Plaza de España de Las Rozas y lo primero que le sorprendió fue que Ignacio llegó a la pista vestido con el traje que había llevado a la oficina, tiró el patín al suelo y empezó a deslizarse; a continuación, se fue a cambiar al coche y ya volvió vestido con una indumentaria acorde a la práctica del *skate*. La realidad es que él ya iba al trabajo pensando en el *skate*. Esa es la razón por la que siempre llevaba en una bolsa su tabla, que guardaba bajo su mesa de trabajo. Precisamente, de su indumentaria tan particular procede el apodo entre algunos amigos *skaters,* que le llamaban «Abo». Un abogado que de repente se sacaba un monopatín y se transformaba en un *skater*. A él le gustaba que le llamaran «Echeve» y «Cheve», y pobre de aquel que le dijera *Echevarría,* porque sería contestado, a no mucho tardar, con un «Ignacio Echeverría Miralles de Imperial» que servía para que esa persona lo tuviera en cuenta en un próximo encuentro.

También con su grupo de amigos, que se denominaban «de la *MKN*», pasó muy buenos momentos. El sitio de reunión era el Parque del Tren, pero Ignacio solo pasaba por allí una vez al mes. Aunque no los veía mucho, su actitud y su vitalidad sorprendía a aquellos chicos, más jóvenes que él. A pesar de que, en ocasiones, tenía un primer momento de reflexión por ser el más mayor, su espíritu pronto le hacía doblegarse y hacerse más niño. Una vez, en 2012, se juntaron veinte amigos en el pantano de San Juan, en Madrid, para pasar allí el día. Ignacio llegó más tarde con su amigo Juan Gabriel, y cuando lo hicieron, vieron que el resto del grupo estaba construyendo una rampa con maderas y palos para utilizarla para saltar con sus bicicletas al agua. El primer impulso de Ignacio fue reprenderles pues aquello era una locura y un peligro, pero... pasado un primer momento de duda, lo pensó mejor y, con el mayor entusiasmo, comenzó a ayudarles en la construcción y, posiblemente, fue el que más disfrutó de la creación y de los saltos en bicicleta.

Otro día salió con Juan Gabriel y los amigos de él a tomar algo cerca de la casa de Ignacio. En aquella conversación, ya se mostraba favorable a irse a Inglaterra a mejorar el inglés y también a buscar trabajo porque, en España, después del despido del banco árabe se le estaba haciendo muy cuesta arriba encontrar algo y él quería aprender, mejorar y avanzar en su vida. Aquel día les contó con toda la naturalidad del mundo que le habían despedido porque le había dicho al jefe que no le gustaba el trabajo que hacía. Por supuesto, todos se quedaron atónitos, pero así era Ignacio.

A medida que se introducía en el mundo adulto, su vida se iba cargando de responsabilidades que acogía de manera natural. Uno sabe que está comenzando a hacerse mayor cuando recibe con alegría e ilusión regalos para la casa: una tostadora, unas sábanas... De manera que un buen día estás en la piscina pasándotelo bien con tus amigos y lo peor que te puede pasar es que tu madre te corte el rollo llamándote para comer... y al día siguiente estás en el mercadillo de Las Rozas comprando tomates para poder surtir tu triste nevera. Pero a Ignacio no le valía cualquier tomate, y aquí es cuando entra en nuestra historia su amigo Ricardo, otro adulto que compartía la afición con Ignacio de comprar los tomates más sabrosos del mercadillo.

Próxima estación: Londres

Las aventuras de Ignacio no fueron solo nacionales. Cuando llegó a Inglaterra continuó siendo Ignacio. Sus atuendos seguían sorprendiendo y despistando a sus amistades. En una ocasión, con motivo de una conferencia que dio en Londres sobre planes de ahorro, en la que también estaba Juan Gabriel, pasaron un rato juntos. Acostumbrado a verlo en ropa deportiva, su amigo alucinó cuando apareció con pantalones de vestir y americana, más cercano al director de un banco que a un *skater*. Seguro que ellos no le conocían como «Abo» ni le habían visto patinar con traje.

En otra ocasión fueron al Golden Cross Café, un lugar famoso por la variedad de sus tartas de queso, para merendar. En estas reuniones con amigos, a Ignacio le encantaba debatir sobre los temas candentes, especialmente sobre política, mostrándose en este caso siempre en contra de las personas radicales. Le gustaba dar su opinión sin maquillarla, la soltaba tal cual la pensaba. Por eso también era un amigo ejemplar a la hora de dar consejos, porque no le regalaba los oídos a nadie, aunque siempre sacara el lado positivo de todo.

Un puesto de trabajo en el banco HSBC de Londres

A pesar de que ya había probado en una ocasión, regresó a Londres donde veía más favorable la situación laboral en vista de que no hallaba oportunidades en Madrid. El día anterior a la partida visitó a su amigo Juan Gabriel. Le contó sus planes para comprarse una casa en su *paraíso*, en Comillas. A Juan Gabriel le pareció buena idea porque invertir en vivienda siempre es un negocio rentable. Aprovechó también la visita de Ignacio para que le arreglara un ordenador que tenía infectado de virus y acabaron hablando de monedas virtuales. Ignacio las consideraba una estafa por su falta de fiabilidad en el futuro y, por tanto, era más partidario de los planes de inversión, que consideraba más sólidos. Acabaron con un gran abrazo en la puerta de casa y un avión con destino a Londres. Aquella fue la última vez que se vieron.

Los primeros meses no fueron fáciles porque, además de estar en una ciudad desconocida, no encontraba ningún trabajo. Afortunadamente, su hermana Isabel vivía en Londres en aquel momento, junto con su marido y su hija Lucía, que tenía tres años, a la que Ignacio adoraba, y viceversa. La relación entre los hermanos siempre había sido muy buena, pero, naturalmente, en aquel momento se hizo más especial.

Tuvo tiempo para familiarizarse con la ciudad, pues pensaba que aquel podría ser su destino definitivo. Quizá por ello se mostraba nervioso, como recuerdan sus amigos en Londres, entre los que se encontraba Pablo Cordero.

Por fin, llegó su oportunidad y fue contratado por el banco HSBC, banco británico con sede en Londres y en la actualidad el segundo más grande de Europa. El puesto de Ignacio era el de *Financial Crime Compliance Analyst* (analista de cumplimiento de delitos financieros). Junto a Ignacio fueron contratadas otras ochenta personas para esa función.

En el proceso de su contratación participaron varios departamentos y a él le asignaron uno en el que la directora tenía un perfil matemático, cuya función era crear modelos matemáticos para generar un protocolo cada vez que llega un proyecto para decir si vale o no. Para hacer eso, era necesario un soporte jurídico y ahí es donde entraba Ignacio.

Cuando lo contrataron, aunque había varios departamentos a los que podía haber ido; en ese concretamente, su jefa pensaba que no daba el perfil que ella buscaba. Entonces, como parecía necesitarle, le propuso la realización de unos cursos de informática. Ignacio fue al primero y al salir dijo que aquello es una tontería porque no iba ahora a aprender informática. Decía: «Yo sé de otra cosa y para otra cosa se me contrató, entonces usadme en lo que sé hacer, no perdáis el tiempo formándome en otra cosa en la que no me voy a formar porque me va a costar mucho trabajo y no va a valer la pena». Tras este choque con su superior, esta comenzó a tratarle mal: le ponía reuniones a las seis de la mañana, le hacía entregar una cantidad desorbitada de informes y ciertas cosas que rozan la anormalidad. El director de un departamento paralelo, Donald, enseguida se dio cuenta de lo que ocurría y le preguntó a Ignacio qué era lo que estaba pasando. Entonces Ignacio le dijo que esa mujer le estaba haciendo la vida imposible. Inmediatamente Donald se fue a recursos humanos y dijo que Ignacio estaba sufriendo acoso laboral. Fue reclamado desde este departamento para que les contara lo que estaba sucediendo y, tras su declaración, le preguntaron si quería que le abrieran un expediente a la mujer porque estaba haciendo algo que iba en contra de la política del banco. Ignacio dijo que no, porque lo único que quería era trabajar y no hacerle daño a nadie. Entró entonces en el departamento que dirigía Donald, en el que su función principal consistía en realizar dictámenes de cada proyecto detectando las incorreciones u omisiones que pudieran existir. Aquella desagradable situación le hizo ser consciente de que, a pesar de su dominio del idioma inglés, al comenzar a trabajar e integrarse en la vida británica, al igual que le ocurrió con el francés en la Sorbona, su inglés oral dejaba que desear y en situaciones como la vivida le costaba hacerse entender, aunque se expresaba lo mejor que podía. Aunque, de todas formas, es innegable que tenía un buen conocimiento del idioma, ya que previamente obtuvo el certificado que probaba que tenía el nivel de inglés más alto posible —el *Proficiency*—. Lo cierto es que, a pesar de la dificultad con el inglés oral, la competencia escrita compensó esa carencia y no resultó ser ningún problema en su experiencia londinense.

Más que compañeros

Tras su accidentada entrada en el banco, en el departamento de Donald, Ignacio consiguió la tranquilidad necesaria para que el resto de compañeros descubrieran su honestidad, su franqueza y el aire joven de su carácter, resultando querido entre ellos. Había un día en el año en el que sus compañeros le querían, sin duda, más que los otros trescientos sesenta y cuatro: el día que les llevaba jamón serrano. Joaquín, su padre, compraba un jamón y se lo envasaban en lonchas al vacío, así que, siempre que alguno de sus hijos que vivía en el extranjero volvía a España, que en ese momento eran tres, partían entre el equipaje con una bandeja de ochocientos gramos de jamón. Cada vez que Ignacio volaba a España, a su regreso se organizaba la fiesta correspondiente para degustar el jamón. Y tanto triunfó entre sus compañeros, que no solamente disfrutaron del sabor del jamón, sino que también fueron capaces de aprender a escribir en español: «Al jamón», en carteles que pegaban en los pasillos del banco para indicar dónde se hacía la degustación.

La relación con sus compañeros no se reducía únicamente al horario laboral y a las cuatro paredes del edificio, sino que continuaba fuera del trabajo. Una de las últimas ocasiones en la que todos estuvieron juntos fue para ver un partido de fútbol. A su amigo Michele, el más querido en la oficina, se le ocurrió hacer una porra con dinero para ver cuántos años pensaba la gente del banco que tenía Ignacio. Todas las respuestas rondaban en torno a los 27 o los 30 años, pero la realidad era que iba a cumplir 39. Le subieron mucho la autoestima aquel día y estaba encantado cuando le decían que parecía mucho más joven.

Una de las compañeras con las que tenía especial afinidad era con Pavritha, quien admiraba mucho su capacidad de trabajo y su eficiencia, que, como nosotros sabemos, se debía a la formación tan completa que adquirió a lo largo de los años. Disfrutaba mucho de su compañía y se reía con sus historias, igual que el resto de compañeros. En el último mensaje que le mandó Ignacio antes de su muerte le dijo que le iba a enseñar una canción en español que él le cantaba a su sobrina que dice «Susanita tiene un ratón», prueba de que siempre fue un niño más.

Su vida en Londres

Fuera de su tiempo y lugar de trabajo disfrutaba de la compañía de Javi y Guille, a los que conoció en Londres y con los que compartía una afición: el amor por el *skate*. Ellos fueron quienes verían con sus propios ojos lo que nadie querría creer ni ver. A partir de este núcleo aumentó el grupo de personas con las que se movía, bien diversas y con afinidades e intereses comunes.

Pero si de alguien disfrutó, y mucho, durante su estancia en Londres, fue de su hermana Isabel y de su sobrina Lucía. Al menos una vez por semana se veían para ir juntos al parque, visitar museos... Ignacio siempre llegaba a casa de su hermana con su periódico, entraba, dejaba sus zapatillas en cualquier parte y buscaba a su sobrina «Luci», como la llamaban cariñosamente, para jugar. Estaba encantada con su tío Ignacio. Tanto, que los regalos más sencillos que este le hacía los valoraba y colocaba en lugar preferente porque eran, ni más ni menos, de su tío. Aunque Ignacio cuidaba y tenía debilidad por su sobrina, no dejaba la ocasión de vez en cuando de «picar» a su hermana, diciéndole que a qué esperaba para aumentar la familia y darle un hermanito a Lucía, y, aunque él no lo haya podido ver, seguro que le encantaría saber que así fue.

Y, por supuesto, aun disfrutando de familia y amigos, siempre tenía tiempo para ir a una parroquia cercana a su casa. Allí, como no podía ser de otra manera, daba catequesis a niños que hablaban español y, en ocasiones, le tocó hacer de padre y llevar a algún pequeño al autobús. Como vemos, aquel carisma de catequista que tenía su madre caló en su hijo Ignacio.

Durante su periodo londinense, la relación con su familia no cambió. Su madre cargaba el móvil todos los días para hablar con él y, si no, el propio Ignacio la llamaba, a excepción de algunos lunes, en los que su clase de alemán le hacía llegar tarde a casa. Hablaban de cómo se encontraba y de lo que hacía en el trabajo, y su madre no perdía la oportunidad de pedirle ayuda a distancia para solucionar su terrible lucha con el ordenador y «su vida propia». La familia era muy importante para él. Además, cuando alguien abandona su «nido», lógicamente, aparecen momentos de soledad que a uno le hacen valorar en su medida real el entorno familiar, aquel que le dio raíces y alas para volar. En su casa alquilada de Londres tenía una pared cubierta con las fotografías de su familia, especialmente de sus sobrinos. Contemplándolas, uno reparaba en que era el único soltero de la familia, lo que hacía que mantuviera un vínculo mayor con sus padres y se preocupara más por ellos. Además, esta relación era más intensa en el caso de su madre, pues tenía una debilidad por el hombre más pequeño de la casa. Su responsabilidad en el trabajo le llevó a plantearse el valor y el empeño con el que sus padres desempeñaban sus respectivos trabajos. Reparó, especialmente, en el de su padre, que siempre había considerado una «birria», lo que demostraba que la relación entre ambos estaba cambiando.

Su hermano Enrique, por cuestiones laborales, también se dejaba caer de cuando en cuando por Londres. Era bienvenido por Ignacio, con quien disfrutaba de unos días muy especiales, para ambos realmente, porque compartían sus respectivas vivencias en aquel momento, con sus preocupaciones y sus proyectos futuros. A través de aquellas largas conversaciones, Enrique pudo comprobar que su «hermanito» Ignacio había crecido y que ya no era un niño, sino un hombre hecho y derecho. Y también fue consciente de la convicción religiosa que guiaba e impregnaba toda la vida de Ignacio, que buscaba ser mejor cada día, muy especialmente, con los demás.

Esa necesidad de crecer como persona le llevó a conocer a un joven marroquí, que, debido a ciertos problemas de salud, tuvo que ser ingresado en un hospital durante una temporada. La verdad es que Ignacio lo conocía desde hacía poco tiempo y no sabía de su vida, pero iba todos los días que podía a hacerle compañía al hospital, pues entendía la soledad del recién llegado de lejos. Lo más curioso de este hecho es que Ignacio no se lo había contado a nadie, ni a la gente más cercana que le rodeaba día a día. Fue el joven paciente quien acabó contándoselo a la familia. Sencillamente, Ignacio no quería alardear de algo que él consideraba normal. Nada extraordinario.

Se le veía pletórico. Estaba feliz en el trabajo, del que se sentía orgulloso, por las vueltas que había tenido que dar para conseguir un puesto en un banco extranjero, alcanzando así una de sus metas. Y estaba también feliz con su familia, que la sentía tan cerca como si todos hubiesen viajado a Londres con él. Aquella etapa fue de las más felices de su vida.

Una visita de su amigo Alexis

El día 2 de junio de 2017, Ignacio había quedado con su amigo Alexis, quien pasaba por Londres, camino a Cardiff. Acordaron verse a las seis de la tarde en el barco del pirata Drake, detrás de la catedral de Southwark. Camino del lugar, se encontraron en el Southwark Bridge. Ignacio venía, con su traje, directamente desde el trabajo, y, por supuesto, con periódico en mano. Solía comprar el *Wall Street Journal* o *The Financial Times*. Habitualmente, cuando viajaba en tren solía mantener conversaciones con otros viajeros comentando noticias del periódico que leía. En más de una ocasión, la llegada de la parada para bajarse interrumpía conversaciones tan intensas e interesantes que acababa intercambiando su número de teléfono con su interlocutor o interlocutores para seguir hablando en otra ocasión. Aquella tarde, Alexis e Ignacio la vivieron con gran cariño, pues la dedicaron a poner al día sus vidas. Cuatro horas hechas de palabras que les hicieron perder la noción del tiempo y del espacio. Hablaron del pasado y del futuro. Entre los planes de Ignacio estaba la inminente firma del contrato de arras de su nueva casa en Comillas, con la que estaba inmensamente ilusionado.

Lo que podía haber sido...

Un año y cuatro meses después de su llegada al banco HSBC llegó una experiencia que alteró su rutina y le generó una gran expectación e ilusión. Se trataba de un viaje de trabajo que le llevaría a Argentina y México, junto a su jefe, Donald. ¡Cruzar el charco por primera vez! Aquello resultó fantástico pues todo salió bien. Estando en América se enteraron de que había tenido lugar un atentado en el Puente de Londres y en la zona de Borough Market, un mercado que destaca por su tamaño y antigüedad. Era del día 3 de junio de 2017. Las noticias, terribles, les informaron de la muerte de ocho personas a manos de tres terroristas y de otras cuarenta y ocho personas más que habían resultado heridas. Ignacio, a miles de kilómetros de distancia, se revolvía interiormente, como hizo cuando se enteró del atentado de Westminster, diciendo que si él hubiera estado allí, se habría enfrentado a los terroristas.

Pero Ignacio no estaba en México aquel día. De hecho, Ignacio no hizo aquel viaje ni estuvo nunca en México. Aquella tarde del 3 de junio de 2017 se encontraba en el Puente de Londres.

Lo que fue: 3 de junio de 2017

Ignacio aprovechó el buen tiempo de aquel día de primavera para patinar, mañana y tarde, pasando de una pista a otra de la ciudad con distintos grupos de amigos. Fue un día de auténtico disfrute del *skate*, del que quedó testimonio audiovisual, pues grabaron las arriesgadas piruetas para, tras nuevos visionados, poder perfeccionarlas en futuros y valientes intentos de mejorar. Al caer la tarde, cansado ya de rodar, Ignacio, que tenía planeado visitar a su hermana Isabel aquella noche para cenar con ella, se despidió de sus últimos compañeros de acrobacias hasta otro día. Tomó una bicicleta pública y sus amigos Javi y Guille montaron en otras dos y le dijeron que le acompañaban un rato porque no tenían nada que hacer; así seguían hablando de sus cosas.

En un momento del camino, de pronto, Ignacio pegó un frenazo y se dirigió hacia un contenedor de basura. Sus amigos se miraron extrañados, pero le siguieron. Entre diversos artilugios mutilados e inoperativos, de los que sus dueños habían decidido prescindir, Ignacio vio algo en el contenedor que atrajo su atención: una pizarra. Estaba un poco sucia y rota en una esquina, pero, aun así, pensó que seguro que a su sobrina Luci le iba a hacer mucha ilusión tenerla. Cuando Ignacio cogió la pizarra y Javi y Guille la vieron, no pudieron menos que preguntarle socarronamente que dónde pensaba ir con aquel trasto. Pero estaba claro que donde ellos veían un cacharro sin utilidad, Ignacio ya imaginaba la sonrisa de su sobrina cuando le diera aquel maravilloso regalo. Así que, ignorándoles, se la echó a la espalda como pudo y, con la pizarra y el monopatín, emprendió su pedaleo camino de la casa de Isabel.

Era una animada tarde de sábado londinense en la que la gente disfrutaba de las compras y los paseos. Javi y Guille, contagiados por aquel ambiente, tentaron a Ignacio y le propusieron quedarse por el centro de la ciudad e ir a cenar los tres juntos, así aprovechaban y remataban aquel día tan maravilloso. Sería un magnífico broche de oro a la jornada. No hizo falta mucha insistencia para convencer a Ignacio, pues le apetecía tanto como a sus amigos perderse entre la gente e ir a comer algo juntos. Únicamente había una cuestión que debía solucionar: cancelar la cena en casa de su hermana. La llamó por teléfono y, como no podía ser de otra manera, Isabel entendió el nuevo plan de Ignacio, quedando aplazada la cena entre hermanos para el día siguiente. Acordaron entonces los tres amigos dirigirse a la concurrida zona de Whitechapel, en la que abundaban los pubs y restaurantes.

Pero cuando iban de camino, cerca del Puente de Londres, empezaron a ocurrir cosas extrañas. Eran las diez de la noche. De pronto, comenzaron a cruzarse con grupos, cada vez más nutridos, de gente que corría sin rumbo, pero que, sin duda alguna, huían de algo, pues algunas personas volvían sus cabezas hacia atrás. Hacia allá, a donde miraban los que huían, era hacia donde miraba todo el mundo, pues de allí venían también los gritos y la confusión. Los camareros de los pubs y restaurantes se asomaban también a la puerta de sus locales, estirando sus cuellos y poniéndose de puntillas para ganar unos centímetros de altura y llegar a ver lo más lejos posible, todo para descubrir qué era lo que hacía correr despavoridamente a la gente y de dónde venía tanto escándalo. En ese sentido era también hacia donde miraba Ignacio y cuando el lugar fue quedando despejado y avistó las siluetas de un puñado de personas, unas en pie y otras tiradas en el suelo, entendió el motivo de aquella confusión, que, como más tarde se sabría, se trataba de un acto terrorista.

Con decisión, abandonó su bicicleta, la pizarra de Luci y, con el monopatín entre sus manos, se dirigió hacia el lugar del que todo el mundo huía. A su lado pasaban policías uniformados en la misma dirección, mientras a otros se los encontraba de frente, retirándose del lugar en el que una mujer, ya en el suelo, era apuñalada por un hombre. El cuadro se completaba con dos hombres más, de pie, que, con sus cuchillos en mano, mantenían una actitud desafiante ante todo el que intentaba acercarse a ellos. La zona había quedado prácticamente desierta. Solo quedaban los terroristas, las víctimas, algún policía e Ignacio con su monopatín. Este vio cómo uno de los policías fue directamente a enfrentarse con los terroristas, pero en el ataque resultó acuchillado, cayendo también al suelo, que comenzaba a llenarse de personas heridas. Un nuevo policía, vestido de paisano, que hasta entonces disfrutaba de lo que era una apacible tarde de ocio, acudió en ayuda de las víctimas e intentó socorrer a su compañero, pero a pesar de que en un primer momento fue capaz de placar a uno de los terroristas, finalmente también resultó apuñalado.

El siguiente en incorporarse a la escena fue Ignacio. Con su monopatín como única arma, se lanzó hacia los terroristas y consiguió hacer frente a los dos primeros que le salieron al paso, golpeándolos en la cabeza y, posteriormente, a un tercero que también se incorporaba al grupo. Estos, aprovechando su superioridad numérica, lo rodearon, pero él se defendía con bravura de todos ellos con su tabla, hasta que en uno de los ataques Ignacio notó el frío del filo de un cuchillo entrando en su cuerpo. Fue un momento de dolor que le hizo revolverse y que los atacantes aprovecharon para, con un violento empujón, arrojarlo al suelo donde, a merced de aquellos, recibió una nueva puñalada. Desde el suelo, herido de muerte, Ignacio empleó sus últimas fuerzas en defenderse con su monopatín, su fiel compañero. Cuando los terroristas se fueron de allí, un médico que se encontraba en el lugar pudo acercarse hasta el cuerpo de Ignacio y aunque intentó cortar la hemorragia provocada por las heridas, fue inútil, y murió en sus brazos.

Las cuatro personas apuñaladas antes de que Ignacio llegara a la escena viven hoy en día. Los dos policías, tanto el de servicio como el de paisano, fueron condecorados con la *George Medall*. Ignacio también recibió dicho honor a título póstumo. Los policías que huyeron alegaron que su huida se debió, más que al hecho de que los terroristas estuvieran armados con cuchillos, a la posibilidad, según la apariencia de su vestimenta, de que pudieran portar cinturones explosivos. Ignacio eso ni lo pensó, ni le importó. Lo único cierto es que su enfrentamiento con los terroristas sirvió para evitar nuevos heridos y muertos.

«Como estaba allí y llevaba el monopatín, pude salvarle la vida a un policía. Es nuestro deber, no podemos dejarnos acobardar por los terroristas», le habría dicho Ignacio a su hermano Enrique aquel día de junio tras enfrentarse a tres terroristas en el Puente de Londres. Y, así, a aquel policía al que ya quiso haber salvado tiempo atrás en Westminster, pudo salvarlo en el Puente de Londres el 3 de junio de 2017.

Cuarta parte

LA ETERNIDAD

En enero de 1979, Ignacio en la cama de sus padres.

En 1984, de izquierda a derecha, Joaquín, Joaquín, María Ana, Enrique y, en la fila de abajo, Ana, Isabel e Ignacio.

Ana, Isabel, Enrique e Ignacio preparados para ir a la universidad al acto de recogida del título de abogado de su madre, al que asistió toda la familia por tratarse de un evento tan importante para Ana.

En 2005, Ignacio y sus hermanos Ana y Enrique.

Reunión con sus hermanos y primos mayores. Ignacio se encuentra en la parte inferior; su hermano Joaquín, a su izquierda y su hermano Enrique, en la parte superior.

El 30 de mayo de 1987, día de su primera comunión en la parroquia de San Miguel Arcángel de Las Rozas, acompañado de su prima María Luisa y de su hermana pequeña Isabel.

Esta imagen es parte de un vídeo en el que se ve cómo, cuando llega al suelo, se rompe la tabla y acto seguido hace la ceremonia de terminar de romperla saltando encima con ímpetu. Es la imagen tomada para *Skate Hero* y para el recordatorio de Ignacio que recoge una oración.

En 2015, en un *skate-park* con una camisa que tiñó en una reunión con amigos.

En 2015, en Santa Pola con una camisa floreada de las que le gustaba llevar, al lado de un niño que estaba patinando y se quiso hacer
una fotografía con él.

Fotografía tomada antes de una jornada de patinaje con sus amigos.

En 2010, en el salón de su casa de Comillas.

En 2016, con su última tabla de surf. La compró en el País Vasco en un viaje que hizo con Pablo Díaz.

De izquierda a derecha, Guillermo González Arnau, Lala —en aquel momento, su novia, ahora, su esposa—, Ignacio y Virginia, la hermana de Guillermo.

En 2017, en el jardín de la casa de su hermana Isabel.

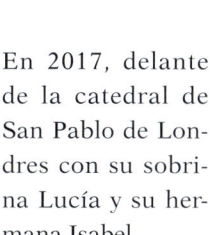

En 2017, delante de la catedral de San Pablo de Londres con su sobrina Lucía y su hermana Isabel.

El 8 de junio de 2017 en la plaza del Ayuntamiento de Las Rozas, convocados por la corporación municipal, se rindió homenaje a Ignacio con tres minutos de silencio.

El 11 de marzo de 2022 en la representación del musical *Skate Hero,* dirigido por Javier Segura y representado por el Movimiento de Santa María ante casi diez mil personas en la Cubierta de Leganés.

Una ola de esperanza

La plaza del ayuntamiento de las Rozas estaba abarrotada de gente y un escalofrío recorría el alma de todos los congregados. Los vecinos de la ciudad madrileña donde vivía la familia de Ignacio querían arroparlos y hacerles sentir su cariño, como suele ocurrir en estas ocasiones trágicas. Pero junto a este sentimiento de solidaridad había un profundo orgullo por lo que su convecino había hecho y que Guillermo González-Arnau, que habló ante todos los vecinos, recogió en su emotiva intervención. Hacía todavía unos pocos días que su amigo había perdido la vida luchando contra los terroristas en el puente de Londres, el recuerdo y la emoción se le agolpaba en el corazón.

—Se abalanzó sobre ellos, entregando su vida por otra persona que no conocía —Guillermo se paró un segundo pensativo y repitió para recalcar la idea—. Es muy importante, que no conocía.

Con Guillermo estaban todas las autoridades de la Corporación Municipal, con su alcalde a la cabeza. No importaba en estos momentos de dolor el color político ni las ideas que cada cual tuviese, todos eran un solo corazón. Con su sacrificio, Ignacio les había unido a todos. A toda la Corporación y a todo el pueblo, que también se hacía una sola alma en este dolor y orgullo compartido.

Al fondo un grupo de jóvenes *skaters* se unían también en este sentido homenaje de una forma peculiar. Alzaron sus monopatines, como quien alza su espada para reconocer la valentía y el honor del amigo, de su compañero de armas. Tantas veces los habían mirado al pasar con sus monopatines como si fuesen delincuentes, con un poco de reserva, pero ahora uno de los suyos, usando ese mismo monopatín, se había convertido en un héroe. Y el brillo y la dignidad asomaban en los ojos de todos ellos mientras levantaban sus monopatines.

Al ver a estos jóvenes alzar su monopatín, Guillermo reanudó su discurso y se dirigió con voz firme a los terroristas, a esos que habían asesinado a su amigo Ignacio, y a aquellos que en la sombra empuñaban todavía sus armas esperando otra ocasión de sembrar el miedo y la muerte. Y su voz rasgó el cielo sombrío como un rayo de luz rasga las tinieblas.

—¡No, no habéis matado a Ignacio con vuestro odio! ¡No lo habéis matado! ¡Mirad, mirad lo que habéis conseguido! ¡Una ola de esperanza!

Guillermo miró al horizonte, respiró hondo y sintió, de alguna manera, que la muerte de su amigo era semilla de esperanza. Y eso le produjo una profunda paz en medio de tanto sufrimiento.

Una luz en la oscuridad

No hay mejor manera de describir lo que ocurrió a partir de la muerte de Ignacio. Fue una auténtica ola de esperanza la que recorrió toda España y Reino Unido de una manera muy especial. Los dos países habían quedado unidos por el mismo dolor. También en España se sabía muy bien lo que es el sufrimiento del dolor tantas veces vivido de mano de ETA y en aquel fatídico 11 de marzo de manos de los terroristas yihadistas. Ahora ese dolor era también un puente que unía a los dos países, porque Ignacio pertenecía tanto a unos como a otros.

Al dolor y la incomprensión de la barbarie terrorista que siempre nos golpea con la pregunta, sin respuesta, de cómo el ser humano es capaz de hacer algo así, le acompañó en esta ocasión un profundo sentimiento de admiración y de esperanza. Porque el ser humano ha demostrado en el mismo momento que es capaz de lo peor y de lo mejor. Capaz de matar y capaz de dar vida. Que puede ser un villano o un héroe.

Y que cada uno de nosotros decide lo que quiere ser.

El autor inglés J. R. Tolkien comentó en una ocasión que la vida es «una larga derrota con algunos atisbos del triunfo final». El terrorismo nos adentra en esa percepción de la vida como una derrota del ser humano, una que parece no tener fin. Es el lado más oscuro de la humanidad. El asesinato despiadado por la espalda de un inocente que no puede defenderse, con el fin de generar propaganda y terror. Pero el ejemplo de Ignacio, la acción de sacrificarse por una persona que ni siquiera conocía, fue como un chispazo, una luz, un atisbo de esa victoria final del bien sobre el mal que todos anhelamos.

Todos, y de una manera especial los españoles, reconocimos en Ignacio y en su acción lo mejor de nosotros. Y sin premeditación alguna, sin que nadie lo proclamase, sabíamos que Ignacio era un auténtico héroe. Y se acuñó el epíteto de «El héroe del monopatín». Porque ese monopatín, que para él había sido motivo de diversión y excusa para hacer deporte y amistad al mismo tiempo, se convirtió en el momento final de su vida en su escudo y su arma para defenderse y luchar contra quienes buscaban el asesinato de personas inocentes. Sí, en justicia se podía llamar a Ignacio el héroe del monopatín.

Los días siguientes al atentado fueron realmente de confusión. No se sabía muy bien qué había pasado. Se ignoraba, o no se quería decir, dónde estaba el cadáver de Ignacio. Algunos malmetían con la hipótesis de que había sido la propia policía inglesa la que había acabado por error con la vida del español al disparar a los terroristas y que esta era la razón de no dar detalles ni noticias.

Sin embargo, en medio de esta confusión, un nuevo testimonio conmovió a toda España. Su familia, con una entereza encomiable, salió ante los medios de comunicación y expresó lo que llevaban en el alma en esos momentos angustiosos. Sus hermanos tomaron la palabra ante las cámaras que se amontonaban a la búsqueda de una noticia, de un titular llamativo:

—Queríamos solo hablar un minuto para expresar nuestro profundísimo agradecimiento a los amigos de Ignacio: Javi, Guille... Guillermo... —dijo Ana, convertida en portavoz de la familia.

¡Cuántas voces injustas se habían alzado contra estos dos amigos en los días anteriores! Ellos estaban allí con Ignacio, pero no le dejaron solo, simplemente no pudieron acudir a socorrerle en ese momento de confusión. Por eso, los hermanos de Ignacio y la familia entera sintieron que lo primero que debían hacer era proteger y defender a esos amigos de última hora de su hijo y hermano. No podían consentir que nadie les tachase de cobardes. Ellos habían hecho todo lo que estaba en su mano y, en verdad, su familia les estaba inmensamente agradecida.

Tras este primer recuerdo siguió el agradecimiento a todos los que en esos días los habían acompañado: familiares, vecinos de las Rozas, instituciones...

—... los oficiales ingleses —continuó Ana con entereza— están haciendo desde un punto de vista personal todo lo que pueden para ayudarnos en que podamos reunirnos cuanto antes, especialmente mi madre, con el cuerpo de mi hermano.

Donde otros habían esperado una crítica o una queja, ellos quisieron poner una dosis de serenidad y de confianza. Como expresaba Joaquín Echeverría, el padre de Ignacio, sabían que la lucha era contra el terror y la barbarie, que el enemigo no era la policía inglesa, que no podían darle ni un resquicio a quienes atacaban a Occidente abriendo una brecha entre nosotros. Ni una palabra contra la policía ni contra las autoridades inglesas salió en ningún momento de los labios de los hermanos de Ignacio.

—Algo muy triste —proseguía Ana—, muy duro, se está convirtiendo en algo más bonito y muy grandioso que nos hace querer más, apreciar más, a nuestro hermano y a nuestra familia, a nuestros amigos y a nuestro país.

¿Se podía decir algo más y mejor? Aquellas palabras y el ejemplo de la familia hicieron entender a muchos que Ignacio no era una especie de héroe que había salido de la nada, sino que se había forjado precisamente en una familia de profundos valores y vivencias.

Aquel testimonio también fue una ola de esperanza, una luz en la oscuridad.

Como esas estrellas que brillan con más intensidad cuanto más oscura es la noche.

Medallas en el ataúd

En momentos así, la vida parece que se detiene y, a la vez, todo pasa como en un suspiro. Uno está como en una nube. Te llevan de aquí para allá, pero tú estás en otro mundo, vives todo como desde fuera. El cuerpo de Ignacio, ese que Joaquín vio con serenidad y supo que había muerto en paz, fue trasladado a España y enterrado en el cementerio de Las Rozas, en el lugar donde vivía la familia. Ignacio se les había adelantado trágicamente. Allí se instaló la capilla ardiente. Allí sería el final de todo. Ignacio podría descansar en paz y su familia, tratar de curar sus heridas.

Pero la muerte no iba a tener la última palabra.

Lo que había pasado no podía acallarse. La luz no podía ser escondida bajo el celemín, sino que había de ser puesta en el candelero para iluminar a toda la casa.

Los reconocimientos a su valor empezaron a llegar de todos los lugares. Desde los más institucionales como la Gran Cruz de la Orden al Mérito Civil en España o la *George Medall* en el Reino Unido entregada por la reina Isabel II a los padres de Ignacio, a los más populares como ese sin fin de pistas de *skate* a las que se ha puesto el nombre de Ignacio por toda la geografía española.

También se unieron al reconocimiento todos aquellos que habían tenido alguna vinculación con Ignacio a lo largo de la vida, como las universidades donde estudió, incluida la Sorbona de París, los lugares donde trabajó, de una manera muy especial el banco HSBC. Este dedicó un premio anual con el nombre de Ignacio a la persona que más se distinga en su lucha contra el blanqueo de capitales. Y se unieron también premios y reconocimientos de muchas asociaciones que se sintieron identificadas con Ignacio por su afición al *skate* o al surf, como el torneo de surf de 'la Vaca Gigante' que lleva a partir de entonces también el nombre de Ignacio Echeverría.

Especialmente significativo fue el reconocimiento de los tres servicios que une a todas las policías del Reino Unido de Gran Bretaña —Gales, Escocia e Inglaterra—, que por primera vez se unían para dar un reconocimiento de este estilo. El valor era algo que ellos y todos los miembros de fuerzas armadas y del orden público supieron apreciar desde el primer momento. Especialmente tratándose de un civil.

Todos sentían que, de una forma u otra, Ignacio era uno de los suyos. No solo los *skaters* podían decirlo. En justicia los abogados, los surfistas, los miembros de Acción Católica, los católicos, los vecinos de Las Rozas, de Comillas, de Ferrol, de As Pontes, los españoles y los ingleses, los empleados del HSBC, su familia, sus amigos... todos sabían que Ignacio era uno de los suyos. Todos sintieron el orgullo de sentir que su vida les pertenecía.

Entre todos esos reconocimientos y medallas no podían faltar los de sus conciudadanos. La medalla de la Comunidad de Madrid y la del Ayuntamiento de Las Rozas, donde vivían sus padres desde hace tantos años y él había pasado la mayor parte de su vida.

Pero las medallas más importantes eran otras.

Ante la capilla ardiente apareció un legionario que difícilmente podía hablar pues tenía una traqueotomía que se lo dificultaba. Miró a Joaquín y a Ana y puso una medalla en la bandera española que cubría el ataúd de Ignacio. Entre la emoción y su dificultad de hablar ellos no pudieron entender nada. Este legionario, como averiguaron más tarde, era el padre de un muchacho al que Ignacio había estado acompañando durante un tiempo, tal como le habían pedido los servicios sociales de Villanueva de la Cañada.

—Este chico está atravesando un momento malo —les indicaron a los padres—. Necesitaría un referente, alguna persona joven que pueda ayudarle.

Al final apareció el nombre de Ignacio como el tipo de joven que podría sacarle adelante. Y así se lo propusieron. Y él, sin decir nada —sus padres no lo supieron hasta este momento en el que este legionario colocaba la medalla en su ataúd—, le acompañó, le introdujo en sus grupos de amigos y ambientes, le hizo salir del bache.

Aquella medalla se la guardó Joaquín, no quería que se enterrase con el féretro. El día en que intentó devolvérsela al legionario, este volvió a insistirle en que esa medalla era de Ignacio, que era quien verdaderamente se la merecía por haber sacado a su hijo adelante.

¡Cuántas historias como esta fueron conociendo sus padres en los días siguientes! Todos los que habían tenido trato con él evocaban su sencillez, su amistad, su limpieza de alma. Todos estaban seguros de que el Señor de la vida le había acogido en su seno.

El Cardenal de Madrid, D. Carlos Osoro, también quiso acercarse hasta la capilla ardiente y celebrar posteriormente el entierro y el funeral. Ignacio se estaba convirtiendo, sin duda, en un referente para toda la sociedad y como católico, en un modelo para los jóvenes cristianos, según se iban conociendo cada día más detalles de su vida.

La medalla de la Virgen que le acompañó toda su vida la tenía también en aquella fatídica noche. Sin duda esa es la medalla más importante que llevó. Porque las medallas de reconocimiento civil por su heroísmo son importantes, la medalla del legionario que es un símbolo de su vida entregada en caridad oculta es sin duda reseñable, pero la medalla de su madre, la medalla de la Madre, es prenda de eternidad. En ella, como un epitafio a la vez que una premonición, aparecen simplemente tres palabras.

«Vamos al cielo».

Libros, vídeos, viñetas, ropa de moda

Todo podría haberse acabado así, pero el ejemplo de Ignacio era demasiado potente para que pudiese perderse. Había golpeado a nuestra conciencia y quería permanecer en nuestra vida.

Iker Jiménez, el presentador de Cuarto Milenio, grababa un video en los días del atentado en el que reflexionaba sobre la muerte de Ignacio y el impacto que le había supuesto a él personalmente. En un mundo en el que la gente es superficial y se dedica a buscar solo la fama, en el que muchos se desviven por grabar un video impresionante que pueda hacerse viral, nos recordaba, Ignacio nos enseña otro camino, el de la entrega a los demás y el olvido de uno mismo.

—Espero que esto no quede en el olvido —decía entonces Iker.

Y así fue. De hecho, el mismo Iker Jiménez años más tarde entrevistaría a Joaquín Echeverría cumpliendo así uno de sus deseos más especiales, según el mismo periodista confesaba. Una entrevista que puso de nuevo a Ignacio en la palestra de los medios y ayudó a muchos a recordar su ejemplo heroico.

Pero para cuando ocurrió esa entrevista ya habían surgido muchas iniciativas que querían mantener viva la memoria de Ignacio, el héroe del monopatín.

Quizá la primera que saltó a los medios de comunicación, además de los artículos informativos, fueron las numerosas viñetas de todos los dibujantes de España. ¡Cómo no recordar la de Malagón, que se convirtió casi en un lema, con esa frase que lo encabezaba: «No todos los héroes llevan capa, algunos van en patinete»! O esa otra de Puebla que emociona especialmente a los padres de Ignacio. En ella se ve a un chico con cara de despiste, un muchacho normal, a punto de entrar en el cielo. Está despistado, pillado por sorpresa, como que no se esperase que todo aquello hubiese ocurrido. Y junto a él, a la entrada del cielo, se encuentran dos héroes españoles que han marcado nuestra historia. Don Pelayo y Blas de Lezo le hacen el pase del caballero espada en alto para que entre en la gloria. Ignacio continúa la estela de los mejores de nuestra patria.

No mucho más tarde, en 2018, Antonio Alonso e Ignacio Sánchez, en su último año de carrera en la Universidad Europea, decidieron contar la historia de Ignacio y convertirla en su proyecto de fin de grado. Surgió así el documental *El abogado*. Un documental que se sumaba a otros realizados en Inglaterra y a multitud de programas de televisión que solicitaban la presencia de los padres de Ignacio Echeverría para que pudiesen compartir la experiencia de aquellos días terribles. Entre todos ellos cabe destacar el de la productora *Vice*, dedicada al mundo del monopatín, que cuenta en el video *El skater que se enfrentó a un terrorista* la historia de Ignacio a través de sus testigos más directos. En muy poco tiempo superó el millón y medio de visualizaciones.

La ola de admiración hacia Ignacio iba subiendo.

Precisamente a raíz de todo aquel revuelo, Joaquín decidió escribir el libro *Así era mi hijo, Ignacio* con el que quería conservar la verdadera imagen de su hijo. Se habían dicho tantas cosas sobre el acto heroico de Ignacio que se corría el peligro, al menos eso pensaba su progenitor, de que se desfigurase el verdadero rostro de Ignacio, tanto que al final fuese irreconocible. Así que, fiel a su pasión por la escritura y a su costumbre de escribir para sus allegados, hizo recopilación de todo lo que había ocurrido en aquellos días, haciendo una descripción de Ignacio lo más realista posible. Posteriormente escribiría otro libro *La saga Echeverría. Expectantes por el que había de llegar* sobre la historia de su familia, con el que completaría su visión de los acontecimientos de aquellos días y de su familia.

Un eco curioso que provocó el acto heroico de Ignacio es el de la marca de ropa Proeza. Una marca sevillana, especializada en moda joven sobre grandes personajes y héroes de la historia de España. Sus primeras colecciones tienen como protagonistas a figuras como Ángel Sanz Briz, Blas de Lezo, Concepción Arenal, El Cid, El Quijote, Elcano y Magallanes, Balmis y Zendal, Isaac Peral, Ramón y Cajal... Al enterarse de la historia, quisieron que Ignacio Echeverría estuviese también en la ropa de los jóvenes. Un porcentaje de las ventas de esta marca se destina a causas benéficas, en concreto a Apascide, la asociación de personas con sordoceguera. Ignacio se las ingeniaba para seguir haciendo el bien hasta después de muerto.

Skate Hero: el musical

Una especial relevancia en la difusión de la figura de Ignacio entre los jóvenes ha tenido el musical Skate Hero, realizado por el grupo católico Milicia de Santa María. Tomando como referencia el libro escrito por Joaquín Echeverría, se lanzaron a plasmar en un musical con guion y canciones originales las veinticuatro últimas horas de la vida de Ignacio. Creado inicialmente como aportación a un encuentro ecuménico celebrado en el Reino Unido, el musical recorrió distintas ciudades de España llevando a los escenarios la vida y la muerte del héroe del monopatín.

Efectivamente, el musical se representó en la lengua de Shakespeare en Prestigne, una población limítrofe entre Inglaterra y Gales con ocasión de un encuentro ecuménico promovido por los católicos de esta población. En una formidable iglesia gótica que tienen los cristianos anglicanos, se unieron en sentido homenaje todas las confesiones cristianas y se hizo una vez más palpable que la vida de Ignacio es un puente de unidad entre todos los hombres de buena voluntad.

Pero Skate Hero iba a rebasar ampliamente los límites para los que se había creado inicialmente. Y lo que parecía que iba a ser una manera sencilla en la que los jóvenes rindieran homenaje a otro joven se convirtió, por la fuerza de Ignacio, en una nueva ola de esperanza.

Todavía no se había estrenado el musical cuando este grupo de jóvenes recibieron una llamada inesperada:

—Somos del equipo de Telecinco, de la productora de *Got Talent*. Nos gustaría que participaseis en la edición de este año.

El nerviosismo recorrió al grupo de jóvenes. No sabían si les daba más impresión el ir a la televisión o enfrentarse al juicio implacable de Risto Mejide. Realmente no se lo esperaban. Y sin embargo era una ocasión que no podían dejar pasar. Había que hacerlo por Ignacio. También los padres de Ignacio se animaron a asistir al programa. Todo lo que sirviese para mantener vivo el recuerdo de su hijo merecía la pena, aunque ellos acusasen el desgaste emocional de estar siempre expuestos al público.

La canción elegida para participar en el programa fue *Dar la vida por amor*, una oración en la que Ignacio habla con Dios la noche anterior al atentado. Interpretada con música en directo, Juan Ayuso, que interpretaba a Ignacio en el musical, se metió en la piel del joven madrileño.

—Me llamo Ignacio y vengo a contar el día en que me mataron.

Los tres miembros del jurado, Edurne, Risto Mejide y Dani Martínez se emocionaron con la actuación que puso al público en pie, pidiendo el pase de oro que lleva directamente a la siguiente fase del concurso. Tras un denso silencio, Risto habló en nombre de todo el jurado, y se diría que en nombre de toda España.

«Ignacio es un héroe. Es importantísimo no olvidar a nuestros héroes, y los héroes viven para siempre», comentó Risto, que a duras penas pudo contener la emoción.

Aquello disparó el musical que fue interpretado por primera vez en Las Rozas el cinco de junio de 2021 y que contó con un mensaje personal de Felipe VI, rey de España. No era la primera vez que la familia real mostraba su afecto y cercanía con los padres de Ignacio. Aquellas palabras eran otra muestra más de ese cariño que el rey quería transmitirles. Aquel mensaje de Sus Majestades los Reyes de España fue leído por el padre de Ignacio al finalizar el musical en su jornada de estreno.

Con ocasión del cuarto aniversario del trágico atentado terrorista que acabó con la vida de Ignacio Echeverría Miralles de Imperial, queremos reiterar nuestra cercanía y apoyo a su familia, a sus amigos y a todos sus allegados.

Damos una cálida bienvenida al musical *Skate Hero*, que perpetúa desde la cultura y la música la vida y los valores de Ignacio, a quien nunca olvidaremos.

Deseamos felicitar a todos los que lo han hecho posible con su talento, dedicación y compromiso.

Con todo nuestro afecto,
Sus Majestades los Reyes de España

Un modelo para los jóvenes

Aquella primera actuación fue solo el principio. A esta de Las Rozas, que fue retransmitida en *streaming* y pudo ser vista por personas de España y América Latina, le seguirían otras muchas por diversas ciudades españolas: Zamora, Pamplona, Vitoria, Almería, Torrevieja, Santiago de Compostela...

Aunque quizá la más especial de todas fue la que tuvo lugar el 11 de marzo de 2022, donde casi diez mil personas se unieron en La Nueva Cubierta de Leganés para rendir homenaje a Ignacio Echeverría. Y junto a él, a todas las víctimas del terrorismo, pues el propio Ignacio fue una más de esas víctimas del terror yihadista. Por eso la fecha escogida para esa representación era, sin duda, emblemática.

Lo que se vivió en esta jornada merece una reflexión que va más allá de los números. Los casi siete mil alumnos, en su gran mayoría de la asignatura de Religión, que abarrotaron la plaza de toros por la mañana y los más de tres mil que acudieron por la tarde, fueron no solo testigos de un espectáculo musical, sino participantes de un acontecimiento especial.

En primer lugar, por algo tan importante como es rendir honor a las víctimas del terrorismo. La Asociación de Ayuda a las Víctimas del 11M organizó este acto junto con la Delegación de Enseñanza de la Diócesis de Getafe. Y juntos quisieron hacer de esta fecha tan dolorosa un auténtico canto de esperanza. Desde el recuerdo y la memoria, gracias a los jóvenes actores, se mantuvo fresca y actual la historia de las víctimas del terrorismo. Algo especialmente importante de cara a las nuevas generaciones. No en vano ninguno de los jóvenes que abarrotaban la plaza había nacido cuando hacía dieciocho años se produjo el atentado del 11 de marzo que conmocionó a toda España.

Rendir homenaje y dar calor a las víctimas del terrorismo es mucho más que hacer memoria de un acontecimiento histórico. Es descubrir en esas personas que han sabido superar el dolor y el deseo de venganza lo mejor de nuestra sociedad. En cada una de sus historias de superación reconocemos que en verdad la última palabra no la tiene el odio, que la última palabra la tiene el amor.

Y por ello es tan significativo que el protagonista del musical sea un auténtico héroe, reconocido así por toda la sociedad española. Todos hemos sabido ver en su acción de poner en riesgo la vida por salvar a una joven que estaba siendo acuchillada, algo verdaderamente noble que merece la pena ser alabado. No importa la edad, la ideología, el lugar de donde seamos, Ignacio representa para todos los españoles lo mejor de nosotros mismos.

Por eso, este acto no consistió solo en rendir homenaje a un héroe, sino que fue una propuesta a todos los jóvenes. También ellos podían ser «otro Ignacio», también en su corazón duerme agazapado un héroe.

Ignacio es un héroe. Y la propuesta educativa revolucionaria que se podía leer en una pancarta es descubrir que todos podemos ser auténticos héroes. Un heroísmo que empieza en el día a día, en nuestra vida corriente, en los valores que sostienen nuestro quehacer cotidiano. Porque Ignacio, como se cantaba en el musical *Skate Hero*, es «uno de los nuestros». Proponer a los jóvenes el heroísmo es un atrevimiento que responde a las aspiraciones más profundas de su ser.

Así lo ha descrito la pedagoga Catherine L'Ecuyer en un reciente artículo:

> El héroe heredero de la educación clásica es consciente de que un ideal es algo que se conquista poco a poco, cada día, a través de la búsqueda de la mejora de uno mismo. Uno no es héroe en las cosas grandes, si antes no lo ha sido en las cosas pequeñas. El verdadero héroe huye de la cobardía, no confunde difícil con utópico. Es consciente de que hay bienes más altos, que nunca están sujetos a concesiones y que la función de un ideal es la de apuntar más allá de las posibilidades actuales.

Cuesta no pensar en Ignacio Echeverría cuando se lee esta descripción del héroe.

Vivimos en una educación que no propone el heroísmo a los jóvenes. Por eso fue tan importante y revolucionario lo que se vivió ese once de marzo en la Cubierta de Leganés. Porque hubo un grupo de profesores que se arriesgaron a decirles a sus alumnos que se puede amar sin límites, amar hasta el final, amar hasta dar la vida. Y que ese cambio empieza por uno mismo en la vida ordinaria.

Y algo de eso se respiraba alrededor de este acto. Personas y grupos distintos se sintieron atraídos por este ejemplo de nobleza y pusieron todas sus capacidades para que saliese adelante este evento. *Influencers*, parroquias, profesores, fundaciones, familias, jóvenes... vivieron una verdadera experiencia de sinodalidad y caminaron juntos hacia la Cubierta de Leganés tras las huellas de este joven abogado católico valiente.

¿El santo del monopatín?

Al finalizar este acto, el obispo de la diócesis de Getafe, D. Ginés García Beltrán, tomó la palabra.

—¡Ojalá que al que hoy conocemos como el héroe del monopatín le podamos un día conocer como el santo del monopatín!

Un aplauso fue la contestación de todo el público que estaba allí presente. Un aplauso que se ha repetido en todas las ocasiones en las que se ha hablado de esta posibilidad. ¿Ignacio, santo?

Quizá el aplauso más emocionante fue el que se escuchó en la Peregrinación Europea de Jóvenes celebrada en Santiago de Compostela. Allí, a petición de la Subcomisión Episcopal para la Juventud y la Infancia de la Conferencia Episcopal Española, se representó el musical. Como en otras ocasiones, al terminar la representación, tomaron la palabra los padres de Ignacio. Cuando Joaquín comunicó a los miles de jóvenes allí congregados que se quería abrir la causa de canonización de Ignacio, todos rompieron en un prolongado aplauso y empezaron a corear el nombre de Ignacio a una sola voz.

Joaquín y Ana a duras penas podían contener su emoción.

¿Qué habría pensado Ignacio si hubiese visto todo esto? Se habría echado a reír, seguramente, piensa Joaquín. ¿Y qué diría si hubiese visto que la Asociación Católica de Propagandistas le proponía como modelo a la hora de vivir la Semana Santa en multitud de marquesinas de más de 100 ciudades de toda España? *¿Morirías por alguien que no te conoce?* Es la pregunta que protagonizó esta campaña invitando a todos los cristianos a imitar a Jesucristo en Semana Santa, y proponiendo para ello el ejemplo de Ignacio Echeverría, el «héroe del monopatín».

Ignacio era un ejemplo de alguien que da la vida por los demás, como lo hizo el propio Jesucristo. Una acción en consonancia con la vía que ha abierto el papa Francisco para reconocer la santidad de aquellos que ponen su vida en riesgo por salvar la de los demás.

Muchos pastores están animando a iniciar esta causa, empezando por el propio arzobispado de Madrid, con D. Carlos Osoro en su momento inicial y D. Juan Antonio Martínez Camino, que ha tenido esta encomienda diocesana de impulsar los modelos de santidad en la archidiócesis.

—La Iglesia escoge santos que puedan servir para cada momento —le decía Mons. Camino a los padres de Ignacio para animarlos a que, como familia, impulsasen la causa de canonización.

Los pasos oportunos se han ido dando. Se ha trasladado la causa de Londres, lugar en que murió, a Madrid, donde reside su familia y tenía Ignacio su residencia habitual. Se ha buscado un postulador. Se están empezando a recoger testimonios. Y, sobre todo, hay mucha gente, mucha, que está encomendándose a Ignacio para que les alcance la fuerza y el valor que él tenía.

Decía Chesterton que «a cada época y cultura las salva un pequeño puñado de hombres que tienen el coraje de ser inactuales». Ignacio era un hombre de su tiempo, pero a la vez era lo más contracultural que uno puede imaginarse. Olvidado de sí mismo en un mundo egoísta, sin miedo a ser cristiano y manifestarlo en un tiempo secularizado y vergonzante, limpio y con alma de niño en una época que idolatra el sexo, justo en un tiempo de conveniencias, incapaz de mentir y luchador por la verdad en medio de la dictadura del relativismo y de lo políticamente correcto, amante y defensor de la vida en una cultura de muerte.

Ignacio tenía todavía cuatro años y aún vivía en AS Pontes cuando, el 3 de noviembre de 1982, el papa san Juan Pablo II lanzó a los jóvenes españoles en el estadio Santiago Bernabéu aquel discurso revolucionario que bien podría ser una descripción de la vida y muerte de este joven abogado.

> Así, el cristiano vence el mal; y vosotros, jóvenes españoles, vencéis el mal con el bien cada vez que, por amor y a ejemplo de Cristo, os libráis de la esclavitud de quienes miran a tener más y no a ser más.

Cuando sabéis ser dignamente sencillos en un mundo que paga cualquier precio al poder; cuando sois limpios de corazón entre quien juzga solo en términos de sexo, de apariencia o hipocresía; cuando construís la paz, en un mundo de violencia y de guerra; cuando lucháis por la justicia ante la explotación del hombre por el hombre o de una nación por la otra; cuando con la misericordia generosa no buscáis la venganza, sino que llegáis a amar al enemigo; cuando en medio del dolor y las dificultades, no perdéis la esperanza y la constancia en el bien, apoyados en el consuelo y ejemplo de Cristo y en el amor al hombre hermano. Entonces os convertís en transformadores eficaces y radicales del mundo y en constructores de la nueva civilización del amor, de la verdad, de la justicia, que Cristo trae como mensaje.

La Iglesia dirá y, sobre todo, Dios habrá de corroborarlo, pero no faltan los indicios que hacen suponer que algún día, como decía el obispo de Getafe, podamos conocer a Ignacio como el santo del monopatín.

La última palabra

La última palabra la tiene el amor es la canción con la que concluye el musical dedicado al héroe del monopatín. Es una canción que pone en los labios de una víctima del terrorismo aquello que diría a quien le va a asesinar. La inspiración está sacada del testamento espiritual del Hermano Christian de Chergé de la comunidad de los monjes de Tibhirine en Argelia, que redactó poco antes de ser secuestrado y asesinado por terroristas islámicos. Se titula *Cuando un A-Dios se vislumbra.*

Las palabras de este mártir resuenan cada vez que oímos noticias de atentados terroristas que nos congelan el corazón. Palabras que perfectamente podrían haber estado en los labios de Ignacio. Comenzábamos este libro recordando esa convicción de Ignacio, «si yo hubiera estado allí... ese policía no estaría muerto». Porque él sabía que cualquiera de nosotros podría ser víctima de un atentado terrorista, cualquiera podría haber estado allí. La voz del monje, la de Ignacio y la de todas las víctimas del terrorismo se funden en una sola.

Si me sucediera un día —y ese día podría ser hoy— ser víctima del terrorismo que parece querer abarcar en este momento a todos los extranjeros que viven en Argelia, yo quisiera que mi comunidad, mi Iglesia, mi familia, recuerden que mi vida estaba ENTREGADA a Dios y a este país. Que ellos acepten que el Único Maestro de toda vida no podría permanecer ajeno a esta partida brutal. Que recen por mí. ¿Cómo podría yo ser hallado digno de tal ofrenda? Que sepan asociar esta muerte a tantas otras tan violentas y abandonadas en la indiferencia del anonimato.

Como dice su amigo Guillermo González-Arnau, Ignacio no era un suicida. Ignacio amaba la vida, valoraba la amistad, quería tiernamente a su familia. Aquella última conversación con Alexis previa al atentado, que fue para la familia como una especie de despedida, y esas llamadas diarias a su madre lo certifican. Si Ignacio hubiese tenido la ocasión de decir unas palabras de despedida, seguro que habría puesto su pensamiento en aquellos que tanto quería. Como lo hizo el hermano Christian en su testamento. Como haría cualquier víctima del terrorismo.

En este GRACIAS en el que está todo dicho, de ahora en más, sobre mi vida, yo os incluyo, por supuesto, amigos de ayer y de hoy, y a vosotros, amigos de aquí, junto a mi madre y mi padre, mis hermanas y hermanos y los suyos, ¡el céntuplo concedido, como fue prometido!

Y una última mirada le lleva a Ignacio a volver los ojos hacia los terroristas que lo iban a matar. Los tres tienen nombres y apellidos: Rachid Radouane, Yousef Zaghba y Khuram Butt. Los tres son a la vez víctimas de una ideología y asesinos por esa misma ideología. Esa última mirada de Ignacio a quienes le estaban apuñalando es la más misteriosa de todas. También aquí el hermano Christian nos presta sus palabras y sentimientos porque él sabía también que quien le matase lo haría en el nombre del islam.

Y a ti también, amigo del último instante, que no habrás sabido lo que hacías. Sí, para ti también quiero este GRACIAS, y este «A-DIOS» en cuyo rostro te contemplo. Y que nos sea concedido reencontrarnos como ladrones felices en el paraíso, si así lo quiere Dios, Padre nuestro, tuyo y mío.

Ignacio había tomado la resolución sobre cómo actuar ante un eventual atentado terrorista. Sabía que no podría quedarse indiferente o, ni siquiera, huir para salvar su vida, como recomendaban las autoridades inglesas. Había decidido en aquel «si yo hubiera estado allí...» que le dijo a su hermano que él lucharía por defender la vida de un inocente. Aun arriesgando la propia vida. Y sabía que esta amenaza era real.

Ignacio luchó, no movido por el odio o la venganza, sino por un amor que le llevó a dar la vida. No le impulsaba el odio a los terroristas, sino el deseo de salvar a aquellas personas que estaban siendo asesinadas. Ignacio demostró con su vida que la última palabra la tiene el amor. Porque «nadie tiene amor más grande que el que da la vida» (cfr. *Jn* 15, 13).

«Lo que hacemos en la vida tiene un eco en la eternidad», dice Maximus en la película *Gladiator*. En verdad lo que Ignacio ha hecho, su último acto heroico y toda su vida que le preparó para ello, traspasa el tiempo, se perpetuará en la historia y resonará como un eco en la eternidad.

Ignacio no era ningún suicida. Amante de la vida, de la naturaleza, de su familia, de sus amigos, de su trabajo, Ignacio no sabía que iba a morir aquella noche. Aquí reside precisamente su grandeza, en no saberlo, porque nunca lo iba a poder saber. En las personas normales, lo que vemos, lo procesamos, antes de actuar, por un filtro, como una especie de instinto de supervivencia, en donde se mezclan los miedos y temores más básicos, pero Ignacio lo procesaba por otro filtro distinto, el de si es justo o no. Así fue siempre y así quedará para la eternidad.

Guillermo González-Arnau

Agradecimientos

A lo largo de este tiempo, hay muchas personas que han formado parte del proyecto que ahora tienes entre tus manos, ya sea participando directamente en él o en mi vida. Por ello, quiero dar las gracias:

A Joaquín, a Ana y a toda su familia, porque el libro que has leído no tiene ni un ápice de ficción debido a su generosidad por querer compartir la vida de Ignacio, pese al dolor que puedan causar estos recuerdos.

A las personas que forman parte de la Asociación Pro-Causa de Canonización de Ignacio Echeverría y a las que están trabajando de forma incansable por buscar el bien a través de la figura de Ignacio.

A todas las personas cuyo nombre forma parte de la historia de Ignacio y, por tanto, de este libro, especialmente a las que han colaborado con su testimonio y su disponibilidad admirable.

Al Movimiento de Santa María, por dar a conocer, a través del musical *Skate Hero*, la figura de un joven actual que puede inspirar a otros jóvenes a querer ser mejores y entregar su vida por los demás.

A la editorial Palabra, por querer que este libro forme parte de su colección, a todo el equipo, por su trabajo, y a Ana, nuestra editora, por cuidar con tanta delicadeza el texto.

A mis queridos amigos, ellos saben quiénes son, por su tiempo y su paciencia en la escucha, especialmente a Pablo.

Al P. Álvaro y al P. Ignacio, que cuidan de mí en lo visible y en lo escondido.

A toda mi familia, especialmente a mis abuelos, los que están aquí y los que me esperan para reencontrarnos algún día.

A mi madre, a mi padre y a mi hermano, que han acogido a Ignacio como parte de nuestra familia durante estos años con gran generosidad.

A Javier, por compartir conmigo estas páginas y por ser la primera tecla de esta obra.

A Dios, por ser la primera y la última tecla de mi vida.